LA VISIÓN I

C. Antonio Urbina

Índice

Prólogo 5

CAPITULO PRIMERO:
LA IGLESIA CRISTIANA... 13

CAPÍTULO SEGUNDO:
LA GRAN TRIBULACION... 55

CAPITULO TERCERO:
CAMBIO CLIMÁTICO... 91

CAPITULO CUARTO:
LA NACION DE ISRAEL... 133

CAPITULO QUINTO:
EL ACONTECER DE LOS TIEMPOS 202

Queda prohibida la reproducción parcial o total, incluyendo el fotocopiado, así como la elaboración de material basado en el argumento de esta obra sin la autorización expresa del autor y su casa editora.
Publicado por Ibukku
Maquetación: Índigo Estudio Gráfico
Ilustración de portada: Ángel FloresGuerra
Copyright © 2015 C. Antonio Urbina
All rights reserved.
ISBN Paperback: 978-0-9965541-8-3
ISBN Ebook: 978-0-9965541-9-0
Library of Congress Control Number: 2015950972

LA VISIÓN I

Prólogo

Para saber los tiempos que estamos viviendo es necesario analizar los acontecimientos actuales de nuestra época que sacuden la vida humana, la libertad, los valores morales y espirituales, la dignidad, la fe y las relaciones.

Por lo tanto es necesario tener una mente abierta para poder entender lo que sucede en nuestro entorno.

Las naciones y las instituciones existen y conviven en base al respeto mutuo y al reconocimiento del derecho civil y la justicia, siempre hay un orden, una aprobación a lo correcto y una sanción a lo que no es.

Y en esta lucha se pasa la vida, las generaciones pasan, los años también y cada década marca su paso al compás de los tiempos.

Así como las naciones tienen su historia, las instituciones también tienen la suya.

Una de ellas es la Iglesia Cristiana. Es parte de la historia de la humanidad, que como cualquier otra tiene sus propósitos y sus fines y un mensaje de parte de Dios para el hombre.

La tecnología y la ciencia hacen del mundo y del tiempo un campo donde todo pasa a la velocidad de la luz, las cosas se perfeccionan rápidamente y los modelos nuevos se convierten en antiguos de un día a otro.

Y ante esta rapidez de cambios, nadie quiere quedarse atrás, sino que para hacer frente a los desafíos que plantea la vida; tanto las naciones, las instituciones y las personas se actualizan a la par con los adelantos tecnológicos del momento.

Teniendo en cuenta que la Iglesia Cristiana tiene una carga por la humanidad, como la de predicar la salvación y anunciar la segunda venida de Cristo a todo ser humano; es imperativo también utilizar los recursos tecnológicos actuales para cumplir esta gran comisión.

Otras fuentes de información, como son los medios de comunicación, traen todo un gran bloque de noticias de lo que pasa en el mundo; y mantiene al día a todo ese gran publico de este siglo pero no son precisamente la respuesta a las necesidades del alma mas bien generan temores e incertidumbre por el futuro de la humanidad.

En consecuencia cuando hablamos de la Iglesia Cristiana, la vemos como una institución divina constituida por personas de una misma fe en el Señor Jesucristo; no es el edificio, tampoco el local, ni es una religión, sino una relación, entre Dios y el hombre establecida mediante Jesucristo.

Y una de las grandes promesas que encontramos es que Jesucristo, prometio regresar otra vez.

Y sobre este tema muchos han escrito, predicho, y anunciado, y algunos hasta han pronosticado el día, el mes, el año y el lugar donde el iba a venir; pero llegaron todos esos días, y pasaron como cualquier otro sin que ninguno de estos pronósticos se cumpla, por una sencilla razón, que el día ni la hora nadie lo sabe, excepto Dios el Padre.

Cuando sus discípulos le preguntaron acerca de este asunto al Señor, el contesto diciendo: que sólo habrá señales que tendrán que ver con el tiempo del fin de la presente edad, y su regreso y luego añadió "cuando estas cosas comiencen a suceder, erguíos y levantad vuestra cabeza, porque vuestra redención esta cerca."(Lucas 21:28)

Por lo tanto pretender actuar como un profeta sabiendo el año, el día y la hora que volverá, sólo revela nuestro escaso conocimiento al respecto ya que, están reservadas sólo para el conocimiento de Dios.

Y acerca de este tema tan importante trata el presente libro y espero aportar con la lectura una visión mas clara de los grandes problemas por los que pasa el mundo y aplicarlos al tiempo que estamos viviendo como una base para decir que la segunda venida de Cristo esta cerca.

También tenemos que considerar que el enfoque que se le da a este gran evento, no es desde el punto de vista tradicional, sino todo lo contrario, es contemporáneo de acuerdo a los datos científicos y personajes que tienen que ver con la economía y el aporte de los meteorólogos, para tener un concepto mas amplio de todo lo que tenga que ver con este gran suceso.

El propósito es ensanchar nuestra visión acerca de esta gloriosa promesa del Señor Jesucristo sobre su retorno a la tierra.

Y aportar un punto de vista para aumentar el conocimiento de los cristianos y de aquellos que todavía no lo son y ayudar así también, a comprender con mas amplitud el mensaje de la Biblia con respecto a la segunda venida de Cristo, en medio de tiempos difíciles sin que eso signifique que todo lo que se pretende decir en este libro sea algo indiscutiblemente profético, sino mas bien una visión basada en las sagradas escrituras que puede ser así o será así.

Pero tan sólo la idea de que Jesucristo regrese otra vez, de por sí es fascinante.

Él resucitó al tercer día, y vive para siempre, por lo tanto lo que prometió indudablemente lo cumplirá y es más todavía, vio los tiempos de su segunda venida y los describió de una manera magistral con pocas palabras, y en forma específica. (Mateo 24,25.)

Describió también la generación que estaría viviendo en esa época así como la situación tan difícil por la que pasarían sus seguidores, y la gente del mundo, "angustiada por las cosas que sucederán sobre la tierra"(Lucas 21:26)

El año 33 de nuestra era Él habló, lo que en estos tiempos empieza a suceder en medio de un mundo que se supone adelantado, y muchos cristianos y gente común y corriente no sabe como explicarse lo que está pasando, pero al escribir este libro espero aportar algo que quizás pueda ayudar.

Cinco bloques

Hoy tenemos cinco grandes bloques que tienen que ver con todo el mundo, tales como la Iglesia Cristiana, la crisis económica del 2008, el cambio climático, la nación de Israel y el acontecer de los tiempos.

¿Por qué la Iglesia Cristiana?
Porque tiene un mensaje importante para el mundo: La segunda venida de Cristo.

¿Por qué la crisis económica del 2008 que empezó un año anterior?
Porque afecta el sistema económico mundial, la política y la estabilidad para la vida.

¿Por qué el cambio climático?
Porque afecta los recursos naturales necesarios para la agricultura, la conservación de las especies y la alimentación la salud y la vida.

¿Por qué la nación de Israel?
Porque esta rodeada de gente hostil que odia a este pueblo simplemente por ser Judío, el pueblo de Dios.

Y ¿por qué el acontecer de los tiempos?
A partir de la década del 2000 el mundo ha sufrido cambios drásticos.

La segunda venida de Cristo esta relacionada con todos estos acontecimientos actuales.

Razón por la cual no se puede dejar al margen, esto no es religión, sino asunto de fe, se trata de un evento que esta en el programa divino.

LA VISIÓN I

Los hechos reales nos hablan que vivimos tiempos muy singulares. Una de las características es que desde la década del 60 hasta la del 2000, hubieron grandes cambios sobre la sociedad, los estilos de vida habituales, las costumbres naturales y conceptos generales acerca de la familia.

Pero ¿por qué en este tiempo?
Porque son las propiedades de un sistema humanista que trata de cambiar el modelo de la vida humana conocido a otro diferente y como todo cambio siempre trae una crisis, es el tiempo exacto que sorprende a toda una humanidad confundida sin poder encontrar una explicación a lo que esta sucediendo en el mundo.

No se trata sólo de un país sino de casi todos los países de la tierra que atraviesan este época.

Y para tratar de explicarlo y ampliar este concepto ; tenemos que verlo desde el punto de vista bíblico, y el conocimiento que aporta la ciencia.

Sobre este gran evento trata este libro.

Y para demostrarlo es necesario hablar de estos bloques mencionados, a las cuales les llamaremos señales.

No habla de fechas, sino de señales. Porque es bueno saber también, que hay cosas sobre las cuales no tenemos dominio ni conocimiento excepto, Dios.

La tarea es exponer lo que esta pasando en el mundo, y si podemos entenderlo entonces nos ubicaremos en los tiempos que estamos viviendo.

Necesitamos tener una mente abierta y una visión amplia para entenderlo; y si lo comprendemos entonces viviremos con una gran expectativa por el futuro, y que lo grandioso aun esta por llegar en medio de cualquier dificultad.

Cada persona esta llamada a ser parte de la historia, pero depende de las decisiones que tome ahora, para saber donde va a estar en la eternidad, o junto a millones de creyentes o lejos, muy lejos de ellos.

Los discípulos, le preguntaron al Señor, "dinos, ¿cuándo serán estas cosas y que señal habrá de tu venida, y del fin del siglo?"
Y Él, les habló de todo aquello que la existencia lleva consigo, mas allá de la percepción natural y del futuro de la humanidad y los ciclos peligrosos que sobrevendrían antes de su venida.

Sobre este punto trata este libro sin pretender asumir que "así, exactamente será"., simplemente es un bosquejo para ver el tiempo(si se pudiera ver) en el que nos ha tocado la bendición de vivir desde el punto de vista contemporáneo que es el mas apropiado que la forma tradicional muy usada por la mayoría de los eruditos.

Consideramos 5 señales básicas, sin desmerecer lo que otros también han escrito, o dicho acerca de este tema.

Siempre hay una gran interrogante en el Corazon de todo ser humano por saber sobre el futuro de la humanidad, el futuro del planeta tierra y el futuro del cristianismo y el futuro personal de cada vida, en este libro trataremos de dar una respuesta, Dios mediante.

LA VISION
LAS SEÑALES Y LOS TIEMPOS

LA VISIÓN I

CAPITULO PRIMERO: LA IGLESIA CRISTIANA

EL HIJO DE DIOS

¿Por qué tenemos que hablar de ella? Porque es parte de la humanidad. No importa que muchas personas no la quieran reconocer como tal, o simplemente la ignoren; esta entidad permanece a través del tiempo haciendo historia.

Experimenta cambios pero su status es el mismo, su existencia durara hasta la segunda venida de Cristo.

¿Cómo podemos probar que lo que decimos es verdad?
En épocas de severas persecuciones desde que se tiene memoria los cristianos sufren todo tipo de persecución pero allí están, las afrontan, y siguen creciendo, y lo sobrenatural es que no están armados, no es gente peligrosa que pueda presentar batalla por causa de su fe; sino que es matado por esa fe en Jesucristo.

El cristianismo no es una religión sino una relación personal con Cristo y el status de esa fe nace de la Biblia.

No importa las épocas de severas persecuciones por las que paso; ni las fuerzas que lucharon para extinguirla todo fracaso, es cierto que fueron casi exterminados pero nunca pudieron apagar la llama de la fe, se mantiene hasta hoy.

La Biblia no pertenece al museo de cosas antiguas, sino que es el libro mas leído en el mundo. Y no pertenece a ninguna religión sino a la humanidad, porque esta diseñada para la vida del hombre y en todas las naciones puede ser leída. Todo esto le da este carácter de sobrenatural al cristianismo, como algo que esta puesto como una Roca sobre la tierra.

¿Terminó esa época tan cruel de persecución que se inicio desde el año 70 D.C. y continuo en la edad media por un poder que llego a la cúspide de su mayor esplendor?

No, allí fue sólo el comienzo, hoy en día es peor la situación, las torturas mas crueles que sólo puede haber inventado una mente diabólica son las que enfrenta el cristiano en diferentes partes del mundo.

Fue en esta época pasada que la religión tomo Europa, luego América Latina y se extendió por donde pudo y sumió a todos los territorios conquistados en la mas densa obscuridad y pobreza jamás vistas por siglos y siglos, mas no para siempre.

Es verdad que esos sistemas ya no están, pero hoy en día están en actividad otras fuerzas de maldad en las regiones celestes que se levantan contra todo lo que se llame Dios, se oponen a Dios, y son capaces de mover países y gente para hacer guerra contra el cristianismo.

Se sabe muy poco sobre la intensidad de estos ataques, y las fuerzas de la obscuridad que las promueven, sólo se ven sus nefastas actividades en su lucha contra Dios y su pueblo.

Hoy en día la difusión de este tipo de noticias, suele ser muy popular debido al uso de la tecnología y el internet y casi a diario se publican crímenes horrendos por grupos extremistas en diferentes países del mundo, especialmente los países del medio oriente y el continente africano.

Probablemente en América del norte, centro y sur no se ven esas cosas, pero también hay un espíritu anticristiano y de una manera u otra en mayor grado a crecido este sentimiento y hay también en menor grado restricciones a la libertad de culto que antes nunca las hubo.

Hoy en día los grupos cristianos son objeto de persecución en casi todos los países del mundo, excepto Latinoamérica, y miles de cristianos mueren anualmente, otros son martirizados, otros encarcelados, y muchas Iglesias, los edificios son destruidos.

Especialmente en países donde se están volviendo intolerantes a la libertad religiosa.

La situación global del cristianismo gracias a los medios de comunicación, podemos decir que se esta volviendo critica en los países del medio Oriente, Corea del norte, China, donde en la actualidad es un gran desafío ser cristiano; en occidente y Europa también hay restricciones menores a la libertad religiosa.

Libertad de Culto
En occidente, ¿realmente no hay lucha contra los cristianos?

Aparentemente no hay, pero se utiliza otra forma de presentarla a través de la política, y las leyes que se aprueban que tienen que ver con las creencias religiosas.

Poniendo a los cristianos en situaciones comprometidas aduciendo que vivimos en un mundo adelantado y no podemos vivir atrasados, en consecuencia tenemos que pensar diferente.

Y el cristiano tiene sus principios basados en la palabra de Dios, la autoridad suprema por lo tanto no pueden ser cambiados sino que son el fundamento de esa fe.

Y eso, hace que entren en muchos casos en conflicto con los tiempos actuales que se viven.

Ademas de eso, la mentalidad humana es la misma desde que el hombre fue creado, lo que a cambiado son la tecnología, el avance de la ciencia, los grandes descubrimientos, y la revolución industrial a partir de la década del 60.

La mente del hombre sigue siendo la misma pero los tiempos, la educación y la cultura no.

En la conciencia del hombre están las leyes de lo bueno y de lo malo.

Y en la mente el libre albedrío para decidir lo que cada uno hace y la responsabilidad personal por sus actos ante la justicia: ante Dios y la ley de los hombres.

Es verdad que no hay una cruenta persecución, pero también es verdad que se esta creando un manejo de la situación social que a la larga puede degenerar también en otro tipo de restricciones mas severas a esta libertad de culto de la que se goza hoy en día en esta parte de occidente.

Eso ya no se ve en nuestros tiempos, pertenece al pasado pero puede volver según sean los gobernantes de turno del mundo.

La única causa, es la fe, sus creencias, y su estilo de vida como seguidores de Jesucristo tal y conforme lo fue en épocas anteriores.

Sin embargo en la presente década el evangelio se esta predicando con mucha fuerza en América del norte del Centro y del sur y no sólo eso sino también en todo el mundo sin importar las condiciones que imperen en cada nación, y en medio de tiempos peligrosos.

Y parecería que hay mas gente convertida en estos tiempos que los de ayer aun con restricciones, persecuciones y severas oposiciones.

Esto nos recuerda a Martin Lutero, cuando se enfrento a la religión de su tiempo, sacando su declaración de fe basada únicamente en las sagradas escrituras, contrarias a las enseñanzas de la religión popular de aquel entonces.

Fue algo que sacudió el mundo antiguo e impacto de tal manera que creo una crisis en la religión tradicional y se dividió en dos pueblos, el centro de lo que antes constituía una congregación como unidad global se rompió para siempre, sin embargo esta declaración de fe basada en la primera carta del apóstol Pablo a capitulo 2 verso 5 dice:"Porque hay un solo Dios, y un solo mediador entre Dios y los hombres, Jesucristo hombre," transformo la mente

LA VISIÓN I

de mucha gente importante y común que tenia sed de Dios, y por primera vez se entendió que las sagradas escrituras no era patrimonio de nadie en particular, ni de ninguna religión ni tampoco de ningún iluminado, si no que cualquier persona puede leerlas libremente y saber cual es la voluntad de Dios.

Entonces muchas personas despertaron del letargo religioso en el cual habían sido sumergidos y apoyaron a este ex monje entre ellas personas muy importantes del mundo antiguo y de la política restringida, y si no hubiera sido por eso, hubiera tenido que enfrentar la hoguera, las cámaras de tortura o cualquier forma de muerte en el proceso civil llevado a cabo por la" santa inquisición".

Probablemente hubiese pagado con su vida el desafiar a uno de los imperios religiosos más poderosos de aquella época.

Hoy en día la situación no ha se ha modificado mucho, pero también hay que reconocer que es una época donde una parte de este mundo goza de libertad religiosa como en ninguna otra de la historia y los Estados Unidos en todo el mundo a sido la cuna de los misioneros como ninguna otra nación llevando las buenas nuevas a los 4 puntos cardinales del planeta, y eso a motivado a otras naciones a hacer lo mismo y la semilla que plantaron ahora dan fruto abundante en todas partes.

A partir de la década del 60 las cosas comenzaron a cambiar y en la década del 2010 nos encontramos ante un mundo desconocido, al que 50 años antes, fue sensible a la predicación del evangelio no obstante el anhelo por conocer la salvación en Cristo esta latente en el corazón de millones de personas en todo el mundo.

Vivimos en la época de los mártires de Jesucristo, especialmente en los lugares del medio oriente, Africa, Korea del norte, y muchos otros países donde ser cristiano significa la muerte.

Algo que se creía pertenecía al pasado, y se podía contar como parte de la historia, hoy en día se puede decir que sólo fue una pausa, como cuando el mar se retira hacia adentro, parecería que se acabaron las fuertes olas; pero no es así, sólo esta tomando fuerza para envestir de nuevo con olas mas grandes y mas fuertes.

El origen de estas corrientes anticristianas no está en el hombre, sino en las fuerzas del diablo, el hombre fuerte.

Es una actividad de los seres de maldad para los cuales no existe el tiempo y su mundo es en la eternidad, donde se vive en en un eterno tiempo presente, y lo que para el hombre cuenta, para ellos no significa nada y su único punto es destruir a todos los seguidores de Jesucristo y todo aquello que tenga que ver con Dios.

La conducta del ser humano es susceptible de ser manipulada por estas fuerzas de maldad.

Para el hombre el paso de los años, las décadas y el tiempo cuenta, para esas fuerzas desconocidas no cuenta, para el hombre los adelantos culturales, científicos, tecnológicos, son muy significativos para esos seres no importan nada, ya que la dimensión en que viven y trabajan es otra muy diferente y superior a la humana: se trata de las fuerzas del enemigo de Dios y del hombre.

Teniendo en cuenta este otro poder real de seres espirituales de maldad, que existen fuera del mundo físico y la voluntad humana, sencillamente no habrá paz en la tierra, aunque se procure, porque entre bambalinas hay alguien que se opone precisamente a eso.

Tampoco podrá terminar la persecución contra los cristianos, será sólo espacio de tiempo como una tregua entre dos ejércitos, antes de reiniciar la ofensiva.

Por lo tanto resulta imposible construir un mundo mejor, aunque se procure con todas las fuerzas, ya que de por medio hay alguien más fuerte que el hombre, que en todo sentido manipula la humanidad para enfrentar unos contra otros y así destruir la imagen y semejanza de Dios que viene impresa en él.

¿Quiénes son ellos?

LA VISIÓN I

Los que luchan contra los mismos objetivos de ayer, desde que la primera pareja fue creada y puesta en el huerto del Edén.

Son las mismas fuerzas de maldad que le arruinaron la vida a Adán y Eva.

Su líder Lucifer, llevo a cabo toda esta maquinación y trastornaron los planes de Dios, y desde aquel entonces se rompió la relación con Dios y la tierra dejo de ser un paraíso para convertirse en un campo de batalla donde se lucha por la vida y se gana el pan con el sudor de la frente, y lo que paso con la primera pareja no termino allí, hoy continúa con el resto de la descendencia de esta pareja: la humanidad.

En otras palabras la batalla que se inició allí contra Dios y su descendencia, no ha terminado, y no terminará hasta que venga Jesucristo y estas fuerzas se replieguen por un tiempo y se vuelvan a levantar contra el Hijo de Dios en esta tierra para así sellar para siempre su destino final.

De manera que este segundo regreso, es sumamente importante, tanto para el cristianismo y mucho mas para este mundo, si se puede comprender esto, entonces hablar de paz sobre esta tierra, del fin de las guerras, y de los enfrentamientos humanos, no es otra cosa que una tregua para el hombre. Pero es el anhelo que cada hombre lleva impreso en su hombre interior.

La segunda venida de Jesucristo, el que venció a este adversario del hombre, es el único capaz de parar a todas estas fuerzas malignas y erradicarlas y sujetarlas bajo las plantas de sus pies, antes de enfrentarlas y someterlas para siempre. Ante las cuales, la inteligencia y la sabiduría humana sucumbe.

Y son los cristianos el único pueblo que alcanza victoria para el bien de la humanidad sobre este poder, porque el poder de Dios, en Cristo Jesús, los ayuda.

¿Cuál fue el efecto de tumbar a Adán y Eva de su relación con Dios?

Fue entonces que el hombre tomó las riendas de este mundo para gobernarlo bajo un sistema en los que la economía basado en el trabajo traería prosperidad, bienestar y paz para una vida mejor, pero sólo teóricamente, hoy sólo queda en el corazón.

Ese fue el nuevo estilo de vida que se implanto al comienzo de la humanidad, no obstante Dios no dejó a su suerte al hombre bajo la potestad humana, sino que proveyó la reconciliación a través de su Hijo Jesucristo y esto sucedió en el año 30 de nuestra era.

A partir de allí estas fuerzas invisibles de maldad tienen un Vencedor: Jesucristo y no prevalecen contra el poder de Dios ni contra los cristianos.

Y es precisamente en este tiempo que el peso de todas esas fuerzas destructoras se hacen sentir en muchos países del mundo muchas veces sin explicación alguna para mucha gente, y esta se pregunta: "¿qué está pasando?" como si se hubiese perdido el control o es que ha llegado la última hora de estos poderes infernales y se han desatado sobre la tierra contra este Cristo y sus seguidores.

Ellos saben que murió y también que resucitó de entre los muertos al tercer día y que volverá otra vez para poner fin a este imperio diabólico, que trastorna el mundo y a todos sus enemigos bajo el estrado de sus pies, y es a esta venida que temen, porque significa el fin de la libertad que todavía tienen para arruinar la tierra, mas no para siempre.

Un mundo bajo la poderosa influencia de estas potestades simplemente no va por buen camino, pero ¿cuál es la causa principal de esta lucha encarnizada contra el hombre, la corona de la creación?

Una sola: El alma del hombre y su destino eterno.

Actualmente en todo el mundo hay una corriente filosófica anticristiana como nunca antes lo hubo, la idea de sacar a Dios de las instituciones públicas, de la familia, de la sociedad, de la historia de muchos países de orígenes cristianos, de romper sus leyes, es la misma desde que el enemigo engaño a la primera pareja desde el inicio de su creación, para los seres humanos que están en el tiempo han pasado aproximadamente 6 milenios, pero para las otras criaturas de perversidad que viven en la eternidad, no ha pasado el tiempo y nada a cambiado, no importa que en este lado humano se diga que no estamos en la época de las carretas y que vivimos en un mundo adelantado, nada de esto importa, lo único que interesa es sembrar ideas en la mente del hombre que conduzcan a romper las leyes de Dios en la vida y esto es un proceso social diseñado por mentes perversas que toma su tiempo a corto o a largo plazo, el llevarlo a cabo; ¿quién más puede imaginar estas maquiavélicas ideas?

Mientras no se reconozca estos poderes de las hordas infernales sobre la tierra será difícil adoptar medidas humanas capaces de proteger al hombre, estableciendo la justicia y la ley en el mundo y buscando el poder de Dios para establecer un mundo mejor.

Y si podemos mirar el estado en el que se encuentra la humanidad, es como si se estuviera yendo en sentido contrario a los propósitos de la vida, la felicidad, la paz, la prosperidad de los pueblos, la convivencia pacifica, un sólo Dios y un sólo Señor.

Es como si todo este torrente de ideas opuestas a Dios se estuvieran materializando poco a poco con el apoyo de mucha gente y la luz de este mundo se estuviera apagando para entrar a una época de tinieblas espirituales sin precedentes en la historia de la humanidad.

Y de este hecho es consiente la generación del 2000, ya que los conceptos adoptados sobre el nuevo estilo de vida existencialista no benefician al hombre sino que dañan y afectan el presente y el futuro del ser humano sobre este planeta.

¿O las fuerzas de maldad se han infiltrado en las estructuras de gobiernos de los países e intentan torcer su rumbo para sus fines malévolos poniendo al hombre en la vía equivocada con los nuevos conceptos impuestos para cambiar los conceptos establecidos sobre la vida o es un asunto humano sin ninguna clase de inherencia extraterrena puesto en practica sin haber analizado bien los pro y los contras?

Si se trata de lo primero, van a conseguir trastornar el orden del mundo y eso va a ser a un costo muy alto para la humanidad que no se dará de la noche a la mañana sino que como cualquier otro proceso también toma su tiempo a corto o largo plazo para ver los resultados y recién comprobar que todo lo que se pronosticó fue irreversiblemente cierto y que aunque se quiera volver atrás, será muy tarde, porque habrá llegado a su fin el gobierno del hombre y se dará lugar a otro gloriosamente nuevo.

Y si es lo segundo, entonces se puede corregir el rumbo, y hay esperanza.

Las cosas pueden corregirse y cambiar para bien y pueden volver los mejores tiempos jamás soñados y más todavía: habrá un mañana prometedor para cada vida y para cada familia, porque esta generación hizo simplemente lo que tenía que hacer y tendrá el agradecimiento eterno de las siguientes generaciones.

La principal es la segunda venida de Cristo.

No más actuarán estas fuerzas de maldad sobre la tierra. No más tiempo, no más destrucción, no más caos, no más libertad para seguir atentando contra la creación de Dios. Sino que "los ángeles que no guardaron su dignidad, sino que abandonaron su propia morada, los ha guardado bajo obscuridad, en prisiones eternas, para el juicio del gran día" (Judas:6) habla de prisiones de obscuridad eternas y también de un Juicio, añade "del gran día" es esto lo que tiene que ver con las potestades, los principados, las huestes espirituales de maldad, los gobernadores de las tinieblas su temido día.

Cuando nos referimos a este segundo grupo con nombres propios nos referimos a otra jerarquía de seres creados, de un rango mayor que el de los ángeles de los que hace mención en este texto, aparentemente son ellos los aliados de Lucifer en esta esfera terrenal, pero les espera el mismo destino que el de los ángeles caídos.

La segunda venida pondrá fin a este dominio territorial de las fuerzas de las tinieblas. Y como se les acaba su estadía, entonces asumimos lógicamente que quieren acabar con la obra maestra de la creación: el hombre y no aceptar la ley de Dios en la sociedad actual.

Esa fue su intención desde el principio de la creación. Y no a cambiado para nada, y lo sigue siendo hasta hoy.

Y pudiéramos decir dos cosas: Todo este conglomerado de fuerzas de las tinieblas se esta jugando su ultima batalla porque el tiempo se les acaba y lo único que están haciendo es trabajar en la mente humana para invertir el orden regular de todas las cosas, perturbar el orden publico, alterar las normas y el estilo de vida normal, y tergiversar el sentido común hasta llegar a enajenar al ser humano, su meta es hacer perder la razón y trastornar toda la creación de Dios: su objetivo final es: arruinar la vida del hombre sobre la tierra como lo hicieron contra la primera pareja seis mil años atrás.

Aparentemente son los presidentes de las naciones los que hacen esto y es fácil señalarlos como responsables e ir contra ellos, pero aunque pueden tener participación en dar y aprobar leyes y decretos, ni ellos ni los congresistas son culpables, sino que los verdaderos culpables son los autores intelectuales de estos planes nefastos que operan desde sus esferas espirituales de maldad utilizando la fuerza humana para llevarlos a cabo.

La voluntad de Dios es mas bien que se ore por ellos y por todos los que están en eminencia para que vivamos quieta y reposadamente en toda piedad y honestidad (primera de Timoteo 2:2) y realmente debe ser así porque necesitan la ayuda de Dios para llevar a cabo su trabajo con éxito.

Las luchas no se ven pero en estos cargos públicos también se libran grandes batallas contra fuerzas invisibles de maldad.

Y Segundo es como si detrás de las estructuras gubernamentales, estos seres espirituales de distinto rango, y poder tuviesen el control del aparato estatal de cada nación. Similar al organigrama de gobierno humano.

Es verdad que en el aspecto humano el hombre es responsable por sus actos ante el tribunal supremo, y que no puede culpar a otro por lo que el hizo, tampoco puede presentar como excusa, que fueron las fuerzas de las tinieblas las responsables, por una sencilla razón, el hombre fue hecho con libre albedrío, o sea, tiene la capacidad de decidir sin ningún tipo de coacción. En eso se basan los juicios. Todos los seres creados desde los ángeles, las potestades, los arcángeles, el hombre, están en esa condición.

¿Quiénes son los responsables de la aprobación de leyes, aquellas de naturaleza perversa? ¿de dónde vienen? ¿cuál es su origen? ¿Se pueden evitar? ¿O se dan y aprueban con pleno conocimiento de causa?

Mientras se conserve la lucidez mental, la propia libertad de pensamiento y la mente no este cautiva a voluntad de las fuerzas enemigas del hombre se pueden evitar.

La gran coincidencia es que todo aquello que es de naturaleza perversa, proviene de esa misma fuente y va contra el propio hombre poniendo al descubierto al autor de la caída de Adán y Eva en el huerto del edén.

Y eso no ha cambiado, mientras su campo de trabajo sea el mundo no cambiara.

No es algo que empezó ayer, ni recientemente sino que este plan que se gesto en las mentes diabólicas que ya había empezado mucho antes y durara hasta la segunda venida de Cristo.

Y hemos visto que es un proceso para separar al hombre de su relación con Dios con mucha astucia, atacando la mente con ideas contrarias a todo aquello que tenga que ver con la familia y las leyes de Dios.

Al atacar a la familia se destruye la sociedad y al oponerse a Dios y a todo lo que tenga que ver con Él, se cambia el estilo de vida del hombre. Y cualquier cosa puede pasar después.

LA VISIÓN I

La década del 60
Todo esto empezó en la década del 60

El lema que se sembró en la gente fue: "Haz lo que te haga feliz" sin importar el costo, obviamente. Y las nuevas generaciones creyeron y pusieron en practica este nuevo concepto de la vida,

Esta fue la característica que plasmo ese tiempo.

Donde los estilos de vida de acuerdo a principios cristianos fueron cuestionados y cambiados por otros mas liberales donde la familia fue la que llevo la peor parte.

Pero al mismo tiempo había también que preparar al hombre que llegase al sillón presidencial de cada país, a darle rumbo y dirección a todos estos proyectos, no se gesto esto en las mentes diabólicas de la noche a la mañana, sino que fue todo un proceso planeado de antemano para preparar al mundo y al gobernante de turno, para esa hora, si alguna vez la gente que llegaba al sillón presidencial de cualquier nación era en cierto modo un creyente y miraba con respeto las cosas de Dios, a partir de esa década los aspirantes a la primera magistratura de cualquier nación tendrían que ser todo lo contrario.

Y se empezó imponiendo ideas liberales, lemas que estuvieron dirigidos premeditadamente a todas las clases sociales, sin importar la situación económica.

Esta idea cambio la mentalidad de mucha gente joven, y de aquellos que llevaban una vida metódica, la integridad personal que siempre fue una virtud, fue puesta en tela de juicio y ridiculizada, los conceptos sobre lo correcto y lo que no lo es; por primera vez entraron en conflicto ya que son opuestos, lo que significa que si el cristiano mantiene su posición, estará entonces en problemas. Solapadamente era el primer desafío a la Iglesia Cristiana.

La década del 70
Estuvo marcada por echar la culpa a otros sin querer asumir la propia responsabilidad se creo el marco adecuado para la disolu-

ción de la familia. En aquel entonces, se aprobaron leyes para hacer mas rápido el divorcio y este se multiplico en una década de 7% a 40%, este asunto es de dos filos en el sentido de que en algunos casos el divorcio es lo mejor y en los otros mayormente lo peor, la cuestión es que hay mas de lo segundo que de lo primero y la realidad es muy patética para casos de jóvenes que fueron afectados por la propia separación de sus padres, un mal precedente para los que recién enfrentan la vida con todas sus vicisitudes.

Y si miramos los objetivos que traen estos slogan de cada década, es una constante que sólo apunta a afectar la vida humana y los principios fundamentales de la sociedad cristiana tratando de desintegrar la familia, y todo lo que ella representa para cada nación. Pero cada slogan significa una característica que tendría el gobernante de turno, que traería reformas y cuestionaría la fe Cristiana.

La década del 80

Es la década del consumismo. Enfocada sólo en la adquisición de posesiones materiales, riquezas, hacerse de lujosas casas, costosos carros, grandes Yates, es la década donde no se reconoce prioridades.

Cuando en la vida sólo se actúa en función a los bienes materiales sin tener en cuenta los valores morales y espirituales del alma, la gente se queda con el corazón vacio, porque lo único que puede llenar el corazón de cada persona es Dios, ni las riquezas ni los placeres ni la fama es capaz de cumplir esta función.

Eso significa que se tienen que establecer un orden de prioridades en la vida, teniendo en cuenta que las posesiones no dan seguridad, identidad, ni felicidad, son sólo un medio para conseguir un mejor nivel de vida.

Pero no es el centro de la vida.

El tener mucho dinero hace la vida mas difícil y mas complicada, es cierto que se consigue todo lo que se quiere pero al fin y al cabo son sólo transitorias y la opción de no tenerlo, también representa un gran problema, así que ambos extremos no son recomendables, porque ambos enfrentan grandes problemas y tienen que resolverlo.

De estos grupos ¿cuál es el que tiene mayor porcentaje de gente que se considera feliz?

Son sólo aquellos para los cuales la vida tiene significado, motivo y propósito sin importar su condición económica.

Y uno de estos grandes grupos son los que le han creído a Dios con todo su corazón. Y semana tras semana están adorando a Dios en sus templos, disfrutando de las alabanzas y participando de esa vida de fe.

Es el tiempo de reposo y de recordar su destino, de donde vino, a donde va y lo que hace aquí, vino de Dios y regresa para allá por medio de Jesucristo.

Pero además de eso, es el refrigerio del alma para que conserve la salud, las ilusiones, las esperanzas, la fuerza para que no pierda la alegría, ni se trastorne, el tiempo que pasa con Dios es el equilibrio que necesita el hombre para mantenerse siempre saludable y es el único tiempo que no se pierde, sino que se invierte para que las cosas de la vida vayan bien, y estas cosas sólo se pueden encontrar en Cristo.

Todo tiene sentido, orden propósito cuando Dios es el centro de la vida.

Sólo entonces se pueden pasar todas las épocas de la vida con buenas expectativas, sabiendo que el hombre esta equipado desde su nacimiento con todas las cualidades y los talentos, la energía y la inteligencia para escalar niveles de vida mas altos sin ninguna excusa todo es posible al convertirse en hijos del mas Alto Dios de todo este vasto universo.

La Iglesia Cristiana puede atravesar por diferentes etapas, difíciles, o duras, pero su identidad divina no puede ser absorbida por las cosas de este mundo.

Su mensaje milenario nunca pasa de moda porque esta hecho a la medida humana. Es exactamente para el hombre y su destino eterno.

Las naciones pueden ir en contra de todas las enseñanzas bíblicas, en contra de lo correcto, lo honorable, lo que es digno, y oponerse abiertamente a todo lo que se llame Dios, o sea de Dios; pero eso nunca cambiara lo que se ha establecido para la vida humana.

Es la etapa cuando las cosas del mundo tratan de eclipsar a los cristianos, llevando el pensamiento cautivo y la atención de la gente hacia otras cosas en diferentes direcciones como prioridades mas importantes, pero los afanes de este mundo lo único que hacen es acortar la vida.

Y la vida es muy efímera en relación a la eternidad para mal invertirla en la búsqueda sólo de lo pasajero, transitorio o lo que es vano.

La pregunta que nos hacemos es la siguiente: A las potestades de las tinieblas, a ellos no se le puede plantear estos asuntos: la de poseer las mejores casas, la de ser propietarios de los autos mas lujosos, de las residencias palaciegas y la de ser uno de los seres mas ricos del mundo con una fortuna incalculable, ni que sean dueños de trasatlánticos lujosos; porque no están en los mismos niveles de las esferas humanas.

Para sorpresa nuestra, nada de estas cosas que sólo son de interés humano, les interesa a ellos… como también estas cosas para ellos no significa nada ni les importan.

¿Dónde esta puesto todo su interés y toda su atención?

¿Sus miles de años vividos desde el cosmos sobre la tierra?

¿Su lucha desde entonces contra Dios y el hombre?

Hay una sola respuesta: el alma del hombre y su destino eterno.

LA VISIÓN I

No quieren irse solos sino arrastrando también a los seres humanos al juicio y la condenación eterna.

El hombre fue hecho para vivir con Dios eternamente y no para perderse.

¿Tanto vale una persona que tal vez se cree pobre? ¿Tanto valor tiene un ser humano que vale mas que todas las riquezas juntas?

Así es en efecto.

Esos millones de seres espirituales de maldad, desde el momento que abandonaron su dignidad para rebelarse contra Dios siguiendo a su líder lleno de soberbia perdieron todos sus privilegios, y sólo esperan el día que sean arrojados a prisiones eternas; pero el caso del hombre fue diferente, el no cayo porque se creyó igual a Dios, sino que fue seducido y engañado por alguien muy astuto y lo tumbo.

Pero no fue un hecho deliberado su caída, sino una consecuencia de la trampa puesta por un adversario.

Por lo tanto tiene otra oportunidad para ser defendido por una injuria hecha por un enemigo, reivindicarlo y recuperar el sitio preparado para el desde la eternidad.

Esta es la razón por la que Dios el Padre envió a su Hijo Jesucristo como el Cordero de Dios que quita el pecado del mundo, para que la raza humana fuera redimida y creyendo en ÉL tenga salvación y vida eterna.

Si la persona cree en su corazón y declara esta fe, es salvo, y no volverá a ser engañado por segunda vez.

Si no es así, y deliberadamente elige la otra perspectiva, nadie podrá cambiar el destino que la persona haciendo uso de su libre albedrío ha escogido, queda sellado para siempre conjuntamente con las huestes de maldad.

Es así es de tan importante el evangelio de Jesucristo, motivo de declaraciones de guerras, de odios, y de persecuciones implacables por enemigos que trabajan desde la oscura eternidad contra Dios y su obra pero sobre la tierra utilizan al ser humano para llevar a cabo sus maquiavélicos propósitos y también trabajan tratando de sacar del cristianismo a todos los que profesan esta fe utilizando sectas religiosas para engañarlo y hacer que abandonen en lo que ya creyeron.

Así que el alma del hombre y su destino eterno es lo que esta en juego entre estas fuerzas espirituales de maldad y todo aquello que tenga que ver con Dios, después ninguna cosa humana tiene algún interés para esas potestades.

Cada 10 años hay cambios drásticos planificados por jerarquías espirituales enemigos de Dios y el hombre en el mundo, para trazar el rumbo de la humanidad. Y la iglesia Cristiana es el principal obstáculo.

La década del 90

Es la década de completa computadora. La informática, lo grande de la tecnología, la negación, la refutación.

Donde la tecnología ha traído una revolución a todos los asuntos que diariamente se tratan y la inclinación a poner toda la confianza en ella, para determinar el orden y los valores de la vida, sin tener en cuenta prioridades. Todos estos asuntos omiten deliberadamente a Dios de la vida del hombre.

Y si observamos en que consiste los asuntos a los cuales ha dado mucha importancia, nos vamos a sorprender de que sean temas en los que estos poderes trabajan:

Los blogs sobre la Biblia
Las enseñanzas sobre Dios en los colegios
La religión: veneración por lo antiguo.
La vida en común entre un matrimonio, la familia, el hogar.
La razón sobre la pureza, la honestidad, la integridad

El determinar los valores de nuestra vida mediante la tecnología. (Pero la tecnología no esta en capacidad de determinar los valores del hombre porque acabaría en un caos.)

¿Qué será lo mejor, entonces?

¿Dejar que Dios determine los valores de la vida y el orden correspondiente, y lo de valor y trascendencia eterna, que es el amor de Dios, y que Cristo murió por todos los pecadores?

¿O dejar que sea la tecnología, en base a ella determinar lo que es de prioridad y de valor en la vida del hombre?

¿O la tecnología o Dios?

Si aceptamos la tecnología, la humanidad va acabar mas confundida y enredada que antes.

Si decidimos que sea Dios y ponemos al centro de la vida su palabra entonces estaremos en el camino correcto.

La segunda declaración causa pánico, trastornos, gritos, indignación en los mundos infernales, porque trabajan para inducir al hombre a escoger sus propios caminos que no son precisamente los que debe escoger.

La década del 2000

Es la década del egocentrismo, donde todos quieren ser primero. Es lo que produce la tecnología, la tendencia a poner a la propia persona como el centro del universo personal, el resto no cuenta.

A partir de esta década hay grandes cambios, debido a 40 años el tiempo que dura una generación, sembrando en la mente ideas, como lemas que aparentemente eran inofensivos, pero que al tenerlos en la mente, las personas actúan en base a los pensamientos admitidos.

Y en 40 años pasan muchas cosas, al finalizar esta década, se considera como la peor para el cristianismo por la ola de persecución que se ha levantado en todo el medio oriente, en el Africa y muchos otros lugares restricciones a la libertad de culto.

Y para el mundo donde esta el cristianismo la crisis económica que empezó el 2007, y afecto la economía mundial.

La nueva generación gestada desde la década del 60 por las fuerzas de las tinieblas, realmente, tiene muchas de las características que durante 4 décadas lograron sembrar en las mentes de los hombres.

Y esto no sólo se queda allí, sino que se levantan grupos con todas las características forjadas en las cámaras de las tinieblas e impuestas ahora por los gobernantes de turno, en la mayor parte de países de occidente, Europa y otros mas, por cierto con excepciones también; que se solidarizan con los principios de esos grupos, creando así una cerrada oposición al cristianismo, no sólo en estos continentes, sino también en países que nunca antes hubo, ningún tipo de persecución a los cristianos.

Pero en el año 33 de nuestra era, Jesús de Nazaret, el Hijo de Dios alertaba a sus discípulos de una manera jamás vista: "entonces os entregaran a tribulación, y os matarán, y seréis aborrecidos de todas las gentes por causa de mi nombre"(Mateo.24:9).

Miró la década del 2000 hasta 2010, y aún más, vió a la iglesia en medio de un mundo peligroso y cómo este pueblo era perseguido, diezmado, y encarcelado, tan sólo por predicar el evangelio y por su fe, puesta en Él. ¿Cómo pudo predecir esto en el año 33 de nuestra era, si no fuera Dios?

La década del 2010

Aún no termina, pero trajo también una revolución al estilo de vida tradicional, fue solamente el resultado de un trabajo que duro 40 años, hecho por las fuerzas de las tinieblas, a fin de preparar a esta nueva generación para las reformas que vendrían con respecto a asuntos que siempre han dado qué hacer y que en esta década se han puesto sobre el escritorio y se ha legislado sobre ellos, como si el orden de prioridades para mucha gente hubiese cambiado y la familia hubiese pasado a un segundo plano.

Son temas que por primera vez entraron en la mente de esta nueva generación.

Pero fue un largo proceso que tomo su tiempo trabajar en ello; 40 años.

Un gran desafío por cierto, un gran problema para los que practican la fe Cristiana y un turbulento porvenir para las generaciones que nacieron a partir del 2010.

A esta década del 2010, se le podría llamar la de la tolerancia, donde nada es malo, todo es relativo, sólo depende del color de los lentes con que se mira. "Haz lo que te haga feliz"; "asigna la culpa a otro"; "tú mismo eres"; "tenemos que actualizarnos en los avances tecnológicos"; "hay que construir un museo para la Biblia"; come, bebe, y goza porque de esta vida no hay otra"; en cada década.. se sembró este estilo de vida, y en 2010, 50 años después, se cosechó el fruto de lo que se había sembrado; tres poderosos grupos, a nivel mundial, que a la corta o a la larga; harán sentir el peso de su presencia.

La Guerra contra la Iglesia Cristiana

En el mundo espiritual esta lucha empieza en la mente, no se combate con armas sino con ideas, y pensamientos; el fin es ponerla contra Dios, rebelarse contra el, y actuar independientemente de su voluntad.

El otro propósito es trastornar el mundo acabar con el cristianismo y destruir al ser humano; hacia donde mas podrían llevar estas huestes de maldad con los planes a corto plazo. Se calcula que hay más de 100 millones de cristianos en todo el mundo que sufre persecución, el 70% de la población mundial sufre algún tipo de persecución.(estadísticas de puertas abiertas, en español).

Estos datos nos muestran que ha llegado la hora para los grupos anti cristianos en el mundo. Todo está a su favor. Pero para la Iglesia, su trabajo, se va a poner mas difícil pero aun con todas las restricciones, y a un costo bien alto, lo cumplen, y lo seguirán haciendo.

Son millones de mártires anónimos, olvidados para el mundo pero no para Dios.

A seis años de finalizar la década del 2010, el mundo experimenta cambios drásticos en cuanto al estilo de vida. Guerras en casi todas partes del mundo, potencias mundiales que ofrecen tecnología para construir bombas atómicas en América Latina,, conflictos mundiales y por otra parte esta también el sector político donde se dan y se aprueban leyes, que tienen que ver con restricciones a la libertad de culto, y lo que es mas, en países donde nunca se pensó que pasaría tal cosa.

Y en medio de todo este conglomerado de cosas, están los cristianos, ellos son una realidad en el mundo, y es parte de su existencia el mantenerse en fe cualquiera que sea la situación.

El sistema político de la nación donde se encuentre, determinara, si esta amparada por la ley o fuera de la ley tan sólo por sus creencias religiosas o estilo de vida o por causa de su fe en Cristo.

Lugares como Medio Oriente, África, Asia; son lugares peligrosos para cualquier cristiano. Allí la libertad religiosa es muy restringida; y se producen muchas violaciones a los derechos humanos. Como producto del sectarismo, de la intolerancia, del terrorismo y de las leyes de exclusión, cristianos expulsados, destrucción de lugares de culto o secuestro de religiosos."

La ONU ha reconocido que "la religión y la espiritualidad están al servicio de la promoción de la dignidad humana y que el cristianismo esta al servicio del verdadero bien de la humanidad".

¿Cuál es la base de la doctrina Cristiana?

Esta basada en la palabra de Dios que emana de las páginas de la Biblia.

Sus principios y mandamientos son las normas de vida para la familia y el ponerlas en práctica, significa la obediencia a Dios.

Este es el gran problema con el mundo, y fácilmente pueden entrar en conflicto con la política de cualquier país, y puede ser perseguido y matado tan sólo por esa causa.

Entonces ¿en qué circunstancias puede la política poner en jaque a los creyentes?

1.- Cuando se ponen en juego los valores morales y espirituales del alma.

2.- La constitución de la familia.

3.- El honor, la dignidad personal y el respeto por sí mismo y los demás.

4.- Cualquier movimiento encaminado a trastornar la naturaleza humana, la mentalidad y la voluntad, contrario a lo establecido por la ley de Dios en la Biblia.

5.- Por practicar su fe en Jesús libremente.

Sólo en estos casos, el cristiano entra en crisis, y empieza el conflicto porque son principios elementales de la vida y son irrenunciables para el creyente. Y cuando sucede esto, entonces han llegado los tiempos difíciles para todo aquel que profesa la fe Cristiana.

La política en los gobiernos de los Países

Ellos pueden estar encaminados a crear un Nuevo y complejo orden mundial, como una alternativa que ofrecer a los problemas del medio ambiente, la crisis económica, Israel, y la Iglesia.

Y trabajan tratando de imponer a través de sus legislaciones cambios drásticos en los sistemas de vida comunes, a otro estilo completamente diferente al hasta ahora conocido, como una solución se cree a todos los problemas y esta nueva corriente cuenta con casi todo el apoyo del mundo. Será el comienzo de una época singular en las nuevas generaciones.

¿Cuál es la táctica que utilizan?

Bombardear la mente con ideas liberales, muchas veces contrarias precisamente a la posición bíblica, pudiendo ser de consecuencias catastróficas para la vida, la familia, la sociedad y por añadidura para las nuevas generaciones.

Con el único argumento de que vivimos en un "mundo adelantado"; y todas las creencias para regular la vida, establecidas por las legislaciones antiguas, quedan obsoletas. ¿Cómo puede hacerse esta declaración, si el hombre siempre es el mismo?

Lo que antes se considero nocivo para la sociedad, será siempre igual.

Lo que antes se considero perjudicial malo para la vida, seguirá siendo siempre igual.

Lo que antes fue dañino para las futuras generaciones, siempre lo seguirá siendo. Pero de eso se trata.

La idea de un solo gobernante para cambiar el mundo, afrontar la crisis económica, los problemas religiosos, el cambio climático, y cesar las hostilidades contra Israel y traer la paz a este planeta parecen muy buenas; pero el poder absoluto en manos de una sola persona, corrompe. Esto es lo que demuestran hoy los hechos en todos los países donde los que agarran el poder se quedan como gobernantes vitalicios, y de la noche a la mañana terminan, como dueños de naciones. (Hipotéticamente).

Sobre este asunto algunas proposiciones sugieren que exista un solo líder como una autoridad política mundial, liderazgo mundial y un banco central mundial, que: "debe tener un horizonte planetario" al servicio del bien común.(aunque no se ha precisado), "no puede ser impuesta por la fuerza, sino la expresión de un acuerdo libre y compartido entre los países" razón por la cual se debe proceder a la "reforma del sistema monetario internacional", la ONU sería la encargada de crear esta autoridad mundial. La idea de un solo gobernante para cambiar el mundo, puede parecer una gran empresa, pero, ¿se podrá sostener indefinidamente así? ¿puede ocasionar una implacable persecución contra el cristianismo al no amoldarse al nuevo estilo de vida social?

Al acercarse el fin de la década del 2010, la lucha contra Dios, y las cosas de Dios, aparecen repentinamente en el panorama mundial; si realmente la Biblia no es un libro inspirado, sino un "cuento de hadas", ¿por qué entonces preocupa tanto a los gobernantes de las naciones?

–La común prohibición de enseñar todo aquello que tenga que ver con Dios, en los colegios. –Como la lectura de la Biblia.

–Aquello que tenga que ver con los diez mandamientos.

–La prohibición de orar en los colegios públicos

–Restricciones al libre ejercicio de la fe.

El único propósito que se persigue es sacar a Dios de la vida del hombre. Volver a los moldes de la religión con sus formas exteriores de culto pero ineficaces para llevar al hombre a establecer una relación personal con Dios por medio de su Hijo Jesucristo.

Es como si todo estuviera orquestado por huestes de maldad, para luchar contra Dios y la suprema creación de Dios: el hombre.

El objetivo es que el hombre de la espalda a Dios, y haga de su vida lo que quiera, así como exactamente han sido los lemas de las décadas del 60 al 2000 ¿Cuál es la razón?

Si el hombre rompe su relación con Dios, sencillamente está perdido, los problemas, el agotamiento, la adversidad, la presión o la depresión, convertiría a este mundo en un hospicio de gente alienada por los múltiples problemas que habría que enfrentar y sin la ayuda de Dios esta sin rumbo y puede terminar mal.

¿Qué pasa si las restricciones aumentan? ¿Se podrá doblegar el espíritu del hombre?

Cuando vemos los hechos que están pasando en casi todo el mundo, el aumento de crímenes, del fanatismo religioso, la impiedad y las perversiones, leyes en contra de los diez mandamientos, asesinato de uno o cientos de cristianos, podemos aseverar que el futuro a corto plazo, no es muy prometedor para los que practican la fe cristiana.

Sea cual fuere la situación venidera, que por cualquier razón económica, política, o como una solución a una eventual crisis económica de gran magnitud se imponga como una alternativa, crear un gobierno mundial con un solo gobernante, y éste dicte leyes para restringir totalmente la libertad de culto con el propósito de someter a toda la comunidad Cristiana a un Nuevo estilo de vida; tenemos que recordar que Dios hizo al hombre con libre albedrío.

¿Qué significa eso?

Que tiene la capacidad de decidir y la propia voluntad para hacer o no hacer algo, el ser humano es tan complejo, que es capaz de pensar, razonar, emitir un juicio personal para finalmente sacar sus propias conclusiones.

Tiene también una parte emotiva donde están los valores morales y espirituales por los cuales se rige, gobierna y orienta su comportamiento y su conducta en la sociedad.

Y sobre todas las cosas todo ser humano sin excepción, tiene un espíritu libre, la libertad es innata en el.

Esta impresa en el alma, para saber lo que debe hacer sin que tenga que ser manipulado como si fuera un robot. Eso es lo grande que hay en el alma del hombre. Y es también, el sello, de que las manos de Un Creador Supremo lo hizo a su imagen y semejanza.

LA VISIÓN I

Entonces no habrá ningún líder mundial, así sea el único gobernante del mundo que pueda doblegar al espíritu del hombre, creado como un ser libre, con capacidad para decidir y vivir en libertad de acuerdo a su fe. Cualquier otra posición que restrinja la libertad del hombre, en cuanto al pensamiento, a la palabra, al culto a Dios, a lo bueno, o lo correcto, lo moral y lo que no lo es; entra en conflicto con el propio ser, alterando la paz, la seguridad y el bienestar social, simplemente el mundo quedaría mas confundido, de lo que ya está.

¿Por qué produce tanto conflicto, el cristianismo, todo el tiempo?

¿Quién es este Hombre llamado Jesús el Hijo de Dios?

¿Por qué tiene tantos seguidores, soportan la persecución y mueren por su causa? Difícil explicarlo. Es fácil entender cuando se trata de religiosos, que cometen abusos sexuales, o criminales, o delincuentes que deben estar en prisión, pero cuando se trata de gente con principios morales y espirituales sólidos que practica su fe, ¿cómo explicarlo?

No son criminales, tampoco ladrones ni gente de mala vida, sino todo lo contrario, no obstante son perseguidos, encarcelados, torturados y cuestionados, ¿de qué se les acusa, cuál es el delito que se les imputa? Dirán de seguir a Jesús. ¿Es un delito esa causa?

Si así fuera, entonces, ¿quién puede legislar sobre lo que es moralmente bueno y lo que es moralmente malo, lo que es bueno y lo que no lo es, será el hombre?

No es su campo, puede hacerlo pero no esta facultado para algo que ya esta escrito y establecido por la palabra de Dios y los diez mandamientos y esta impreso en la conciencia de cada persona.

No se lucha contra sectas religiosas, tampoco contra sociedades secretas, ni contra otras religiones, sino sólo contra todo lo que sea cristianismo, o tenga algo que ver con ello; la única razón, ¿cuál es?

No existe, porque si delinque, la ley se encarga de ajustar cuentas, pero si no hay ninguna cosa, como esa, vuelve la misma pregunta. ¿Cuál es la razón?

Las grandes interrogantes

¿De dónde viene este movimiento anti cristiano? ¿Quién está detrás de todo esto?

¿Contra quién se lucha realmente?

¿De dónde viene este movimiento anticristiano, del mundo visible o invisible? ¿Contra quién se lucha realmente, y quién?

¿Son los gobiernos, las autoridades, la gente o es que hay otro poder detrás del poder visible que odia al hombre, no importa quién es, lo único que se busca es enfrentarlos unos a otros y destruir toda relación con su Creador?

Por lo general, los gobernantes del mundo elegidos democráticamente siempre quieren lo mejor para sus pueblos, salvo raras excepciones, que si las hay; lo extraño es que casi nunca lo consiguen y de pronto se hallan luchando contra ellos mismos.

Por ejemplo la guerra civil en Siria, está costando más de 150 mil vidas desde que se inició, hace tres años. (EFE) "En el País Árabe, la población se está matando"(OSDH).

Y mientras los diferentes grupos étnicos y religiosos luchan por el poder, los que más están sufriendo son los cristianos; prácticamente hay otra guerra declarada contra ellos.

Y esto sucede abiertamente en casi todo el Medio Oriente, en Korea del Norte, Irán, Irak, Pakistán, Egipto, Sudán, Arabia Saudita y muchos otros países, así como parte de Europa. ¿Será que el hombre se enfrenta a otro poder no visible, desconocido para él, pero que es tan real como el poder visible y están parapetados en las estructuras de poder o el organigrama de cada país y desde allí

LA VISIÓN I

manejan los hilos políticos hacia sus planes?

Tenemos mentes realmente tenebrosas, de gobernantes de potencias, que proponen a los gobiernos de América del Sur, la construcción de bombas atómicas. Es realmente un proyecto tenebroso, porque lo que propone es la guerra, destrucción, ruina, enfrentamiento entre naciones, para un continente de gente hispana que esta creciendo y desarrollandose económicamente, y mejorando el nivel de vida de toda la población. Pero obviamente a algunas potencias del otro lado del continente no les agrada, o a los que están detrás de ellos.

En medio oriente han vendido la tecnología de la guerra "para fines pacíficos". ¿Y también quieren hacer lo mismo en un continente que está saliendo del estancamiento y pasando a otro, mucho mejor?

Son peligros que están pendientes y observando continentes y naciones en cualquier parte del mundo que se están levantando en medio de una sociedad con libertad de culto, de pensamiento y de expresión y respeto a la vida humana y a los derechos humanos y el propósito de vivir en paz con las otras naciones vecinas y trabajar juntos en como mejorar la situación de la población en proyectos para grandes plantas de agua, plantas de electricidad, riego para hacer florecer los desiertos y prevenir el futuro para luchar contra cualquier flagelo de la humanidad, así como la promoción de la educación y la cultura; y de pronto viene alguien a proponer construcción de bombas atómicas.. en vez de centros educacionales, industrias, el agro, la vivienda. Centros de investigación para la salud, médicos, técnicos, ingenieros.. Son mentes posiblemente cautivas, pero ¿vienen porque quieren venir o alguien los envía?

Ese personaje es milenario, pero esta lleno de odio y envidia. De otro modo ¿cómo se explican estos movimientos contra continentes enteros, para arruinarlos y destruirlos? ¿cómo se pueden explicar estas aversiones contra los cristianos y todo lo que tenga que ver con Dios?

A menos que alguien haya puesto una venda a los ojos y sea engañado, simplemente no reconoce la verdad, ni se acepta otra posición a menos que sea la propia; en forma deliberada, adrede o premeditadamente, de manera que podemos decir que, el que propone la construcción de armas de destrucción masiva, como la bomba atómica en América Latina, sabe muy bien lo que hace, cual es su propósito y hacia donde va.

No es una proposición inocente, que busca el bien, sino enfrentamiento, exactamente como hoy sucede en el Medio Oriente, tampoco tiene respeto ni consideración alguna por la civilización ni por la humanidad.

Son los elementos que traen desequilibrio a cualquier país, que actúan en base a sus intereses tratando de controlar el mundo a cambio de un costo bien alto para el que los acepta y de esta manera salvar su propia economía.

¿Quién está detrás de todo esto? ¿Contra quién se lucha realmente?

En realidad el hombre es sólo el que actúa bajo poderes desconocidos de maldad inspirados por un ser tenebroso que tiene la artimaña del error y del engaño a tal punto que puede manipular naciones enteras bajo sus argucias, sea mediante fraude o mentiras con el único objeto de causarle daño.

Un ser que máquina todas estas cosas contra el hombre, habla claramente de que nunca a sido amigo de él, ni mucho menos busca ayudar, más bien su lucha es contra él, causa del odio de una mente perversa que nada tiene que ver con la raza humana pero cuyo poder es limitado y todo parece indicar que esta llegando a su fin.

Han pasado algunos milenios desde que tentó a la primera pareja, y los hizo caer de la gracia de Dios, lo que nos muestra una faceta de su personalidad: maestro de la mentira, desde ese entonces hasta hoy, actúa según su naturaleza en oposición abierta a Dios, todo aquello que tenga que ver con el robo, el homicidio, el suicidio, la depresión, la baja estima, el odio, la venganza, la religiosidad, el crimen organizado, el terror, la maldad, el secuestro, la codicia, el adulterio, el matricidio y una gama amplia derivadas del mal, tienen su origen en estas huestes y tienen dominio sobre aquellos que haciendo uso de su libre albedrío, rechazan toda relación con Dios, su Creador.

Y son estas mentes cautivas, que este adversario utiliza, para trastornar naciones y reducir a la ruina a civilizaciones enteras.

La Década del 2010 es la década del conflicto entre los poderes invisibles del mal y el poder de Dios y los cristianos en medio, la década del 2020, en sólo seis años más, será una década todavía más difícil para el mundo. Pero así sorprende a la Iglesia esta década tan singular y de características propias y similares a tiempos de décadas pasadas, como en la época de Noé, donde la tierra estaba llena de violencia y la época de Lot, donde la raza humana se corrompió y el juicio de Dios terminó con aquellas ciudades de la edad antigua, fue una generación opuesta en todo el sentido de la palabra a Dios.

Sin embargo, a pesar de haberse perdido, no tuvo la oportunidad que todas las generaciones después de Cristo tienen hoy. Uno de los textos de Mateo dice en el capitulo 11, versos 23 y 24: el Señor, hablando de una de las ciudades de su tiempo, dijo: "y tú, Capernaum, que eres levantada hasta el cielo, hasta el Hades serás abatida; porque si en Sodoma se hubieran hecho los milagros que han sido hechos en ti, habría permanecido hasta el día de hoy. Por tanto os digo que en el día del juicio, será más tolerable el castigo para la tierra de Sodoma, que para ti."

Así también en estos tiempos la comunidad Cristiana pasa por todas estas experiencias por causa de la fe en Dios, y mientras en un lado del planeta se sufre por causa de la fe, en el otro lado, en occidente hay una fuerte predicación del evangelio y una manifestación del poder de Dios como nunca antes se ha visto, pueden haber todo tipo de problemas, pero a pesar de restricciones, oposición, nuevos estilos de vida, la gente tiene sed del Dios verdadero y de su palabra.

Cada servicio de adoración a Dios las alabanzas son presentadas con excelencia por los grupos de cantantes de una congregación que enseña como vivir la vida práctica del cristianismo.

Incluso en países donde la libertad religiosa es restringida, también sucede este fenómeno, las Iglesias crecen con dificultades que no se ven en este lado de la tierra, muchas veces los gobiernos ordenan la demolición de los templos que son el lugar donde se reúnen para adorar a Dios, a las Iglesias constituidas y funcionando.

Y les demuelen sus templos sin ningún tipo de consideración, sin ninguna razón, simplemente no los quieren, con el único fin de acabar con esta fe, de modo que al verse privados de sus centros de reuniones entonces se reúnen en distintos lugares tomando sus precauciones y aún con oposición, la Iglesia sigue creciendo, tanto como en este lado del planeta.

Los países no cristianos no conocen la compasión, ni tampoco la misericordia y a pesar de eso muchas de esas personas, en ese medio ambiente hostil al evangelio se convierten al cristianismo y luego enfrentan la persecución, los flagelos, las torturas y la muerte por causa de su fe, en sus propios países, por sus propios compatriotas y en algunos casos extremos por sus propios familiares son vendidos y van a parar en la cárcel.

Lo más asombroso de todo, es que no importa cuantas estadísticas haya, cuantos sean los países de corte radical, cual sea la tendencia actual ni las olas de violencia que se desaten contra el cristianismo; el evangelio sigue creciendo, con persecución o sin ella.

No hay nada ni nadie, ni ninguna fuerza maligna que pueda parar este movimiento del Espíritu Santo para cumplir esta ordenanza:"Y será predicado este evangelio del reino en todo el mundo, para testimonio a todas las naciones; y entonces vendrá el fin"(Mateo 24:14).

En consecuencia hay mucho pueblo del Señor, en estos países que aparentemente son de corte radical, y tienen sed de Dios, y quieren una experiencia personal con Dios que pueda llenar sus

LA VISIÓN I

corazones y satisfacer el alma cansada de tanta religión o vanas formas exteriores de culto, quien sabe correrán la misma suerte que los mártires en esa región, pero podrían ser también los últimos de la lista que esperan para completar el numero de los redimidos. (Apocalipsis 6:11).

La realidad nos muestra una época realmente singular en la vida humana. Se levantan voces de organizaciones internacionales para que hagan algo y paren estas olas de odio religioso y respeten los derechos humanos y la vida de cualquier ciudadano, pero es como arar en el agua y lo único que genera es más y más problemas.

Se ensaya con todo, la política, la diplomacia, el dialogo, pero nada funciona, sino que por el contrario la espiral de violencia va en aumento.

Pretender creer que los países grandes del mundo lo pueden arreglar todo es un error, lo único meritorio es que se hace algo pero el resultado ya no depende de ellos sino de la buena voluntad de ambas partes y es allí precisamente donde no hay puntos de coincidencia.

Por lo tanto puede durar esta situación un tiempo ilimitado, mientras tanto, ¿a dónde vamos?

Las condiciones de vida son cada vez mas desfavorables. Y los gobiernos hacen todos los esfuerzos posibles para arreglar las cosas, pero fracasan en sus intentos sin poder conseguirlo.

Además no depende sólo de ellos, sino de la cooperación de la mayoría, para cambiar el panorama mundial y sobre todas las cosas, se necesita la ayuda de Dios, que es el único camino para salvar al mundo, pero cómo dirigirse a Dios si la actual generación esta abiertamente contra Él.

En el año 33 de nuestra era, hubo esta predicción:

"Entonces os entregarán a tribulación, y os matarán, y serán aborrecidos de todas las gentes por causa de mi nombre..mas el que persevere hasta el fin, este será salvo" (Mateo capitulo 24 verso 9).

¿Alguna vez se pensó que la humanidad en la década del 2010 iba a ver esto?

Tal vez nunca. Que esos malos tiempos sólo pertenecieron a la edad pasada y nunca más volverían a suceder. Pero cuando observamos los hechos actuales, la realidad es otra, grupos armados extremistas se han levantado por todas partes, y matan a todo el se cruza en su camino.

Si son gente de países que los consideran enemigos, los aniquilan con tanta crueldad, cual nunca se vio en el pasado, y es peor si son cristianos, con ellos se ensañan sádicamente, que sólo una mente diabólica puede idear la forma como los matan, así sean niños, mujeres, o ancianos, hieren la sensibilidad de cualquier persona que lee los reportes de la forma como los asesinan, con toda propiedad podemos decir que ha tocado a la humanidad vivir en tiempos realmente muy peligrosos.

Parecería que hay otro poder, otro trono, otro gobernante detrás del gobierno visible, que esta vigente sobre este mundo y actúa entre bambalinas, su característica peculiar es la misma siempre la de arruinar, matar, destruir y sumir en sufrimiento y dolor a la humanidad, se opone totalmente a la felicidad del hombre, la única explicación lógica y con sentido común es que si existe otro poder maligno que es capaz de cautivar la mente del hombre que no acepta a Dios en su vida, y antes de arruinarlo, usarlo para sus propios fines malvados.

La trascendental década del 2000

Se empieza una nueva generación y cuando entramos a la siguiente del 2010, ya todo esta formado y da a luz una nueva época con cambios en el estilo de vida, en el pensamiento y radicalmente en la conducta del ser humano, aquellas cosas consideradas censurables en décadas pasadas toman un giro distinto, quitando aquello que lo sancionaba para darle luz verde basadas en la no discrimina-

LA VISIÓN I

ción y dan una nueva legislación aprobándolas legalmente, como un derecho civil y actuando de manera inteligente, no se trata del sentir de un solo país sino lo que mas llama la atención, de casi todos los países del mundo; de manera que hacen causa común para implementar modificaciones básicas de varios conceptos conocidos, la reacción de las generaciones anteriores no se deja esperar pero simplemente se argumenta que vivimos en un mundo adelantado, y que tenemos que vivir de acuerdo a la época.

Cada vez que hay cambios siempre generan oposición porque estamos acostumbrados a un modelo de vida conocido y de acuerdo a ciertos conceptos, principios y normas que rigen la vida siempre hacia lo que es correcto y si esto no es así entonces se van a levantar voces de oposición, de todas partes y en esta década fue exactamente eso lo que paso.

Pero las voces seguirán, tal vez ya no abiertamente por temor a la represalia, pero no se ganará nada, por razón de que esta época tan especial fue preparada precisamente para esto: cambiar los tiempos y la ley de Dios, y se empezó trabajando con ideas en la mente del hombre desde la década del 60, en consecuencia, en el mundo se impondrá este cambio contra viento y marea, un nuevo estilo de vida, una nueva época y otro concepto de la familia, con dos opciones: adaptarse a los cambios y sujetarse a ellos, o afrontar la persecución que es el camino menos deseado.

Será por un tiempo corto, pero no prevalecerá, y en ese intervalo, pueden ocurrir grandes eventos nunca imaginados.

En un mundo cambiado no habrá sitio para los cristianos, tendrán que salir. Tendrán que irse, su tiempo habrá llegado.

Esta es la próxima estación para la comunidad cristiana. Y a medida que avancen los años, el cristianismo y las viejas generaciones se encontraran en una situación incómoda, como nunca antes lo experimentaron, es como si la noche para los seguidores de Cristo hubiese llegado, mientras estén en el mundo verán cosas contrarias a la ley de Dios y tendrán que soportarlas, pero nunca apagaran la voz de la Iglesia, será como la llamada de medianoche.

Si creemos que estos tiempos van a cambiar y volver los años felices para los cristianos y para el mundo, es mejor quitarse esa idea de la cabeza, más bien sucederá lo contrario, las cosas empeoraran para los cristianos, los movimientos sobre un nuevo estilo de vida van a crecer y se van a consolidar y fortalecer, y esos tiempos jamás volverán.

Los opositores al evangelio también aumentarán, y no sólo eso, sino que la actividad satánica se va a multiplicar como si fuera algo normal, hasta tomar ciudades y en algunos casos hasta países.

Creer que lo que esta pasando en el mundo es pasajero y que no prosperará, quizás no sea lo cierto, mas bien es sólo el comienzo de lo que se viene después, una nueva sociedad, al estilo liberal donde todo será relativo.

La predicación del evangelio en occidente enfrentarámuchos de estos retos que antes nunca los hubo, pero la fuerte influencia de los poderes malignos trabajan por décadas para esto.

En estas circunstancias, rodeada de adversarios, acosada por las leyes y un estilo de vida diferente al que se profesa, en realidad sólo le queda esperar el regreso de Cristo, y que se cierre esta época de gracia de la predicación del evangelio de la salvación, y poner punto final al plan de salvación de Dios en la tierra y entonces salir ya que no puede estar en un mundo donde ya no hay lugar para ella, tiene que irse pero regresará otra vez y no sola, sino con el Señor Jesucristo.

Será su hora decisiva, pero los acontecimientos se precipitan para que llegue ese día.

De manera que el cristianismo está ante un gran desafío a corto plazo y tiene que sobrevivir, pero de las mejores décadas del pasado sólo quedará el recuerdo; no volverán más.

Generalmente cuando las cosas llegan a un punto de saturación, donde ya se pierde el control de todo y la tierra se convierte en un

LA VISIÓN I

lugar no apto para la vida humana, interviene lo que menos se espera: La Corte Suprema de Justicia de Dios; y empieza otra etapa de la eternidad y de los juicios de Dios donde se acabo el tiempo de gracia, de misericordia y del perdón de Dios.

Todos estos movimientos anti cristianos en el mundo, tendrán también un líder que los represente y hará eco de todas las reformas al concepto de la vida hechas en la década del 2000 y 2010 y se fortalecerá para consolidar su posición frente a la gran comunidad cristiana.

Será el que represente en estos tiempos a todos aquellos que han hecho posible sacar las estructuras cristianas originales de la vida, la familia, la sociedad y la educación por considerarlas obsoletas, y poner otras exactamente contrarias a lo establecido desde antes por las leyes de Dios.

En consecuencia, muchos otros países en diferentes lugares, hasta hoy, bastiones del cristianismo, se verán afectados por las condiciones imperantes en el tiempo.

Pero esa fue la meta de las fuerza malignas, Trabajaron mas de 40 años en la mente y el corazón de la gente, para arrastrarlos hacia un estilo de vida que no tenga nada que ver con Dios ni con sus leyes. No fue algo que sucedió de la noche a la mañana sino todo un proceso que duró más de medio siglo para conseguirlo. Y luego imponerlos para las nuevas generaciones en todo el mundo sin importar las antiguas.

¿Será este el tiempo?

Europa desde hace mucho tiempo ha cerrado filas contra la comunidad Cristiana, y ha crecido el ateísmo, pero hay tolerancia religiosa.

De la misma manera como se han acogido a todo este bloque de reformas al estilo de vida convencional.

Incluso hay grandes grupos religiosos que han adoptado estos nuevos bloques de reformas sin objeciones, y ya están embarcados en la nueva onda, no sólo en Europa, en América también.

¿Por qué resulta tan importante el cristianismo para los adversarios de Dios ? ¿Invertir mas de 50 años para llevar a cabo un plan para cambiar al mundo y de paso afectar al cristianismo y poner al mundo contra ellos, precisamente con aquellos que tienen la fe de Jesús, el Hijo de Dios?

A ninguna otra secta o religión de las tantas que hay y se conocen atacan, excepto a los cristianos e Israel pueblo de Dios. La respuesta es simple: es eternidad. Se lucha por la eternidad de las almas, es el trofeo.

Cada persona es un alma. Al mismo tiempo una vida y por lo tanto eternidad. Cuando se habla de alguien, se trata de un persona, que tiene un destino eterno y un alma eterna. No importa quien sea, si tiene una fortuna o no tiene nada, si esta persona muere sin Cristo, se pierde para siempre, no tendrá ni idea de lo que es la gloria de Dios.

Y sólo espera su juicio para ser condenado, ¿es esta la voluntad de Dios? No, sino que todos procedan al arrepentimiento, y sean salvos.

Dios ya proveyó un salvador, tan sólo creyendo en Él se producirá este milagro.. de lo contrario se pierden… "Y el que no se halló inscrito en el libro de la vida fue lanzado en el lago de fuego"

Apocalipsis 20 verso 12 dice:" Y vi a los muertos, grandes y pequeños de pie ante Dios; y los libros fueron abiertos, y otro libro fue abierto, el cual es el libro de la vida; y fueron juzgados los muertos por las cosas que estaban escritas en los libros, según sus obras."

¿Cómo presentarse ante ese tribunal de Dios y alcanzar misericordia?

Todos los hombres son imperfectos y tienen una deuda con Dios impagable. Tienen una foja de servicios, manchada por todos los pecados o infracciones a la ley de Dios por lo tanto la situación legal es que están en falta con su Creador y como gozan de libre albedrío, son responsables, por todos y cada uno de sus actos.

Pero no existe el hombre perfecto, todos los seres humanos, son imperfectos, por lo tanto necesitan alguien que los ayude.

Bien, esa fue la misión de Cristo. Dios proveyó ese Salvador en Alguien sin pecado, que fuera capaz de ocupar el lugar del pecador y decirle" ya no tienes que sufrir el juicio de Dios; yo lo sufrí por ti, todos tus pecados, todas tus transgresiones todo lo que hiciste contra Dios, yo lo lleve en la cruz del Calvario y pagué con mi vida tu salvación, y si el hombre cree y se arrepiente y pide perdón, y lo declara entonces es salvo, su cuenta fue pagada y su hoja de servicio está limpia, ante los ojos de Dios no tiene cuenta porque creyó a la palabra de Dios que Jesús se interpuso entre ambos y pagó con su vida el rescate de él.

¿Quién es Cristo, para los adversarios de la humanidad?

¿Por qué se oponen con odio al cristianismo? ¿Será que sienten envidia porque el hombre todavía tiene una oportunidad en Cristo para alcanzar la vida eterna, el destino para el cual fue creado y ellos, premeditadamente, ya perdieron la suya?

El hombre no se rebeló porque quiso en el huerto del Edén, fue inducido a la desobediencia a la palabra de Dios y sucumbió, por lo tanto tiene otra oportunidad de reconciliarse porque hubo intervención de un segundo agente extraño en el lugar de los hechos; o una mano ajena que preparo todo el ardid, para tumbar al hombre de la gracia de Dios y lo consiguió, lamentablemente.

Pero el caso de este ser que fue llamado Lucifer fue muy distinto, el se rebeló contra el Trono y la autoridad de Dios en claro y abierto desacato a a su creador y conspiró contra Él, arrastrando a otras potestades de mayor jerarquía en la eternidad pasada a unirse a esa rebelión.

No es un caso en iguales condiciones que el hombre sino de abierta rebelión, por lo tanto su situación esta resuelta.

Esa es la razón de que el ser humano, mientras viva, puede

cambiar su destino eterno, si se acoge al plan de salvación como un regalo para volver al lugar para el cual fue hecho, y viva para siempre al lado de Dios.

Pero mientras tanto se lucha por el destino eterno del hombre.

Por un lado las huestes de maldad y por otro el llamado de Dios a regresar al hogar, para gozar de vida eterna en lugares celestiales.

Lugares que son tan reales como el aire que se respira diariamente y la tierra que se pisa para el constante ir venir, reír, conversar, ir al trabajo, encontrarse con los mismos amigos, los parientes cercanos, los hijos, los sobrinos, y continuar una vida llena de acontecimientos y cosas y emociones muy superior a todo lo humano, y se mantienen las mismas relaciones que se mantuvieron en la tierra sin perder nunca su identidad propia pero transformada por el supereminente poder de Dios a un grado mayor que el humano como seres similares a los ángeles de Dios.

Al Señor le hicieron una pregunta sobre la resurrección y Él contestó: "Erráis, ignorando las escrituras y el poder de Dios. Porque en la resurrección ni se casarán ni se dan en casamiento, sino que serán como los ángeles de Dios, en el cielo. Pero respecto a la resurrección de los muertos, ¿no habéis leído lo que fue dicho por Dios, cuando dijo: Yo soy el Dios de Abraham, el Dios de Isaac y el Dios de Jacob? Dios no es Dios de muertos, sino de vivos"

¿Cuál es la proyección de la Iglesia Cristiana?

Cuando se mira la Iglesia desde el punto de vista global, el panorama es aterrador.

De la forma como detienen a pastores, misioneros o simplemente creyentes que hablan a otros de su fe, y en otras latitudes por esa causa los matan, o son degollados o crucificados, realmente es alarmante la situación que se está viviendo.

Pero cuando nos enfocamos en América, sea del norte o del

LA VISIÓN I

sur o del centro, lo que vemos es un avance de la predicación del evangelio sin precedentes, incluso Australia con sus grupos de alabanza esta trayendo un gran avivamiento a todo el mundo, a través de la TV se presentan testimonios impactantes de lo que el poder de Dios hace en en la vida de muchas personas. En muchos países también hay problemas para predicar la palabra pero aún así los pastores y sus congregaciones se esfuerzan por salir adelante y cumplir la gran comisión.

No son los tradicionales tele evangelistas, ni tampoco los grandes y famosos. Son hermanos sencillos, pastores de las congregaciones, que no ganan ningún sueldo en muchos casos, viven por fe, pero nunca les falta, siempre tienen.

En algunos países de América del Sur muchos que están metidos en la política están abrazando el evangelio, y otros en distritos y provincias fuera de la capital cuentan sus testimonios de lo que Dios a hecho con ellos, y otros políticos de mayor jerarquía, al escuchar, se unen a los grupos cristianos.

Nos encontramos con grandes Iglesias, en América del Norte y del Centro y del Sur, así como en República dominicana, cualquier persona Cristiana que logra llegar a Occidente y pisa América, sea norte del centro o sur, se va a sentir en otro mundo, otra cultura, y ante un Nuevo comienzo.

Y si viene del Medio oriente después de haber vivido los horrores de la Guerra, sólo dará gracias a Dios por estar todavía vivo y disfrutar de la libertad gloriosa de los hijos de Dios en esta parte del continente.

Pero la Iglesia ocupa un lugar importante en el curso de la historia, y su trascendencia no se puede pasar por alto, su presencia significa que esta pendiente de cumplimiento una gran promesa: La segunda venida de Cristo.

Y el Señor dejó las señales que precederían a esta segunda venida, la predicación del evangelio, las persecuciones, el terrorismo, guerras y rumores de guerras. Constituye pues el cristianismo una columna que marca los tiempos de grandes acontecimientos.

Siendo la segunda venida de Cristo no una opción sino una necesidad, y un clamor al unísono de todos los que profesan esta fe, podemos decir que esa venida esta a la vuelta de la esquina.

Esta es una de las primeras y grandes señales que descubrimos cuando viene el ocaso de los tiempos al ponerse el sol sobre las civilizaciones que llegaron al mayor nivel de desarrollo intelectual, científico y tecnológico que haya alcanzado la humanidad, pero que sucumbieron ante si mismos al no llegar a superar sus propios récords: La erradicación de las guerras, el flagelo del hambre, la contaminación ambiental, y el matarse unos a otros y el tratar de cambiar los tiempos y la ley que gobiernan al hombre.

Pero también habló de un "período de gran tribulación" cual no la habido antes ni la habrá. De un tiempo de confusión, de necesidad, de sufrimiento global, por el que pasará la tierra, poco antes de su segunda venida, y acerca de este tema vamos a hablar.

LA VISIÓN I

CAPÍTULO SEGUNDO: LA GRAN TRIBULACION
EL DIOS REY DE REYES

La Biblia menciona que los habitantes del planeta tierra pasaran por un periodo de "gran tribulación", es decir, una época de opresión, aflicción, persecución y angustia, como jamás se ha visto.

Como consecuencia traería consigo un panorama sombrío sobre toda la humanidad, que en realidad nadie lo desearía y la vida hasta hoy, con todas las vicisitudes que hay de por medio, todavía es llevadera, pero ante una situación económica insostenible las condiciones cambiarían drásticamente para todos los habitantes de este planeta.

Ahora, ¿qué puede considerarse como algo que afecte a todo el mundo?

Al pobre y al rico, al empresario y al trabajador, a la clase alta, la clase media, al asegurado, al veterano, al retirado, a las instituciones armadas, a las entidades estatales a todos los trabajadores de salud y muchas otras entidades gubernamentales más incluido al cristiano, al religioso, al judío, al ateo, al profesional y al que no lo es, ¿qué se puede considerar como algo que les afectaría?

Lo único que puede tener estas características, es el sistema económico a través del cual se gobierna el mundo.

Cuando se llega a un gran adelanto tecnológico tal como es hoy en día, el problema es mayor y se convierte en un gran dilema porque el mantenimiento de cualquier sistema depende de la economía.

Por ejemplo: la defensa y la seguridad de cada nación requieren de un gran presupuesto para llevarlo a cabo y mantenerlo, y cuando se trata de naciones consideradas potencias mundiales, el gasto es gigante.

Si hablamos del organigrama de cada nación y los ministerios que sostienen todo ese conglomerado de instituciones gubernamentales que forman la estructura de cada país, es igual; la parte económica es fundamental y para eso trabajan los gobiernos, para consolidarla, pero si este rubro tan importante falla, entonces todas estas estructuras gubernamentales se vienen abajo y se desplomarían con todas las consecuencias de lo que es una caída de este tipo y afectarían también la red económica mundial.

El entorpecimiento de todas las transacciones comerciales y la quiebra de muchas instituciones económicas como la de los Bancos que juegan un papel importante en el sostenimiento de las naciones. ¿Puede existir en el sistema económico de la época actual un mundo sin Bancos? No. Eso no es posible porque es la base del mismo sistema.

En consecuencia la "gran tribulación" puede ser una gran crisis económica que afectara a todos los países del mundo sin importar de que rango son, si del primer, o segundo, o tercer mundo.

Y puede estar encaminada hacia el colapso del actual sistema económico mundial, y siendo que la economía mundial depende del país mas rico de la tierra como se cree hasta ahora, si todo va bien allí, en el resto del mundo también; pero si sucede un contratiempo y la economía sufre un resquebrajamiento, entonces las cosas cambian para el resto de los países del mundo, eso es lo que implica esta teoría, aunque la parte económica es tan compleja que es muy difícil pronosticar que así siempre será, lo que si es muy seguro es que si el 90% de la economía de un país, depende de las transacciones comerciales con una determinada potencia; si ésta entra en crisis, afectará también en el mismo porcentaje a las otras naciones dependientes.

Mas el fantasma de una crisis por lo general afecta a todo el mundo.

La debacle de la economía, dado el caso, no puede extinguir la vida humana en el planeta pero si empeorarla, ya que las primeras consecuencias serian entorpecerla, y crear grandes problemas sociales.

Pero, hipotéticamente, si el país más rico de la tierra entra en recesión, todos los sistemas económicos de los países quiebran de igual manera, y si no llegan hasta abajo, por lo menos se mantienen a flote a duras penas.

Pueden ser de consecuencias desastrosas para todos los habitantes de la tierra, como nunca se ha visto, pero también no para todos iguales siempre habrá algunos en peores condiciones que otros.

Mientras tanto los gobernantes del mundo aúnan sus esfuerzos para poder recuperar el control, y esto puede ser a corto o largo plazo para salir de ella y recuperarse, siempre y cuando existan las posibilidades, pero es impredecible este tiempo, en caso de que se diera.

Y en este intervalo cada país es sacudido por lo que genera el hecho de perder la estabilidad económica, verse privado de sus propios ingresos para cumplir con los compromisos económicos pactados antes de, a esto se suman los entes financieros que, sabiendo lo que esta pasando, exigen el cumplir con los pagos, después de, sin ningún tipo de consideración, y como hay papeles firmados de por medio, los ejecutan conforme a ley, haciendo más dramática y empeorando la situación social.

La recesión del 2007-2008

El organigrama de todo el aparato estatal de todos los países del mundo, descansa sobre el sistema económico. Ese es su objetivo, para eso trabaja y esa es la razón de su existencia.

Se llama el sistema de gobierno del hombre sobre el mundo. Pero la economía no funciona sola, esta relacionada siempre con los países cuyas economías son las más fuertes de la tierra.

Siendo que toda la economía del mundo, o casi toda, casi siempre depende de los Estados Unidos. Le corresponde el liderazgo mundial en cuanto a la economía se refiere, es muy bueno saberlo para que cualquier nación no se aísle y quede afuera en vez de trabajar juntos.

¿Cuál es la implicancia?

Que ningún país trabaja solo, sino que necesita de las otras economías y del país de la economía mas fuerte para salir adelante y mantener su estabilidad en el sistema financiero.

Países que se han aislado por cuestiones políticas, la experiencia demuestra que se han venido abajo como si vivieran en una continua recesión, pero si salieran de ese molde y sus gobernantes cambiarían de parecer, entonces se integrarían al sistema económico vigente y les iría mejor.

Aprenderían la lección de que la economía no se mueve conforme a los ideales de una sola persona, tampoco tiene que ver con el tinte político que se imponga, porque aquella nación que hace esto, sus ciudadanos viven como dentro de una ciudad amurallada.

La economía es algo muy complejo, diferente, que se mueve bajo reglas claras de libertad, de relaciones y de asuntos y metas concretas ajenas totalmente a ideales abstractos o tintes políticos, y que aquellas naciones de economía fuertes son las que lideran todo este sector mundial, y ese liderazgo recae sobre los Estados Unidos, mientras no se reconozca esto por algunos sistemas de gobiernos cerrados, difícilmente se puede salir de un atolladero.

Si algo claro esta para todas las naciones del mundo, es que este liderazgo mueve la economía mundial y no participar de ello, significa mas y mas problemas en cuanto a la economía.

La década del 2000

Una década clave, que nos permite aseverar que esto es así, tan simple y tan complejo a la vez, el año 2008 fue el más difícil para el mundo porque se dieron todas las condiciones para crear una desastrosa recesión a nivel mundial, y ante esta posible debacle a la vista de todos los países, se descubrió que "el mundo no estaba preparado para afrontarlo." Como muchos analistas lo expresaron por la TV.

Estados Unidos confrontó un gran problema cuando bajó de categoría, en ese entonces en cuanto a su capacidad de pago, la calificación que se le dio por las agencias pertinentes fue que no tenia dinero para pagar sus propias deudas ni aun para mantener el aparato estatal.

Esto fue suficiente, como un indicador de que la economía mundial entraba en un desastroso colapso mundial.

Aunque las cosas no eran para tanto, el pánico se genero en todas las economías del mundo, temiendo siempre lo peor y como consecuencia el derrumbe de todas las bolsas de valores y que se avecinaba una segunda y gran recesión.

Áreas mundiales involucradas

Temor en los inversionistas, temor en el consumidor, temor en los Bancos, temor en las grandes y pequeñas empresas.

El resultado es que cambiaría la situación de estabilidad del sistema de vida actual a otro de inestabilidad. Un cambio drástico de la actual situación estable económica a otra de inestabilidad con todo lo que ella trae consigo y una carga social grande para todos los gobiernos del mundo.

Aquella época de "racionamiento" volverían otra vez al actual sistema de vida así como lo fue en la gran recesión de 1929. De la cual hasta hoy se habla.

Con la diferencia de que en esa década pasada el aparato gubernamental no era tan grande como lo es en la actualidad en la mayor parte de los países del mundo, por lo tanto, la situación se pondría mucho mas difícil.

Y la población mundial tampoco era tanta como la de hoy, ni se enfrentaba otros tipos de grandes problemas como los actuales, donde los tiempos y la gente han cambiado mucho en relación a 1929.

Hablar de racionamiento de alimentos, energía y agua en un sistema económico como el actual, de por si afectaría a toda la población mundial, porque es algo anormal, y de por si nadie se puede adaptar a un cambio de un momento a otro sin que produzca mucho sufrimiento.

A esto se le llama "recesión"

¡Afortunadamente no fue como se pensaba, porque se hizo lo que siempre esperan que se hagan con las instituciones que causaron esta crisis: que los contribuyentes los rescaten, para que su caída no cause estragos devastadores, y eso hicieron, se fue al rescate de las instituciones "grandes" de la economía para evitar el derrumbe total del sistema y se pudo parar lo que se veía venir, mas no consolidarlo.

¿Pero si no se iba al rescate?

La situación hubiera sido peor.

Se tendría que afrontar múltiples problemas que cada vez hubiesen sido más grandes.

La pérdida del poder adquisitivo de la moneda o la impresión de billetes sin el respaldo del Banco Central de Reserva.

El fenómeno de la inflación o la deflación con la subida de precios de un día para otro, sin que haya nadie quien compre.

Los alborotos, los saqueos, los movimientos políticos, la falta de liquidez en el sistema financiero, el despido masivo de obreros y empleados, el cierre de fabricas, muchas de las cuales nunca más se vuelven a abrir.

El retiro de ahorros masivos y los Bancos que empiezan a limitar esos retiros. Los cajeros automáticos se quedan vacíos y no hay como reponer ese dinero.

LA VISIÓN I

Los sistemas de ayuda social quedan desactivados, los jubilados que viven de un solo cheque mensual, las fuerzas armadas, los discapacitados, los cupones de alimentos para los que viven del gobierno, tal vez ya no reciban más su pago, o sus cupones tarden en llegar, o su cheque demore; por la sencilla razón de que el tesoro no tiene dinero para hacer frente a sus compromisos sociales.

A esto, se llama "recesión", pero una cosa es decirlo y otra vivirlo.

El efecto de un colapso económico mundial en la década del 2010, seria simplemente devastador, desastroso, y de consecuencias impredecibles, no obstante aunque no queramos aceptarlo, después del 2007; pende como la espada de Damocles de un hilo sobre la cabeza de la humanidad, a algo parecido a esto, la Biblia lo llama "la gran tribulación" y dice que habrá un periodo de tiempo con estas características.(Mateo 24:21).

¿Que pasó en 2007-2008?

El protagonista de una crisis económica en los Estados Unidos fue la quiebra del Banco Lehman Brothers, uno de los Bancos más grandes en lo que se refiere a inversión, lo que produjo, a su vez, un gran impacto negativo que pudo afectar la liquidez del sistema económico mundial.

Así de grave y trascendente a nivel mundial fue esta quiebra.

De modo que se veían en una gran encrucijada y sólo había que elegir entre dos opciones o sacarlos del pantano donde habían caído o dejar que se hundan.

Realmente un gran dilema con un gigante de la economía, lo peor sería dejar que se hunda, y el gran problema que traería consigo es una debacle mundial donde ningún gobierno quedaría en pie, definitivamente afectaría toda la red económica global y ante una magra perspectiva como esta no quedo mas remedio que tenderle la mano al gigante y ayudarlo a salir del pantano.

Es la mejor opción para los bancos y la peor para los contribuyentes, por eso dicen algunos especialistas en economía: "que los que siempre están bien, con crisis o sin ella, son los bancos."

Pero razones sobran: si no se rescataba, entonces se paralizaba casi toda la actividad económica para desencadenar la peor recesión de todos los tiempos a nivel mundial con el riesgo de no poder salir de ella, ni en un año ni en dos ni en 10 ni en 15, quién sabe, nunca.

Y esto es sin exageraciones, en estos casos por lo general no queda mas remedio que la de ser "buenos" con las instituciones bancarias sin importar el costo, y ver la forma como ayudarlos porque como quiera que sea, toda persona esta involucrada en el mismo problema y si es "malo" con ellos y no los ayuda, va a sufrir las consecuencias también. Así, de esta manera los noticieros reportaban diariamente a la gente las últimas novedades, de las cuales todo el mundo estaba pendiente.

De modo que después de haber estudiado las dos opciones de estas instituciones que llevaron al borde del precipicio al mundo entero, la única alternativa que quedaba sobre la mesa era entre las dos peores, la segunda un poco menos que la primera: la de ir a ayudarlos a salir del hoyo a donde habían llevado a la humanidad, de modo que con la ayuda de todos los contribuyentes los sacaron, sin importar el costo.

Cómo empezó todo

En setiembre del 2008, se dio la noticia por todos los medios de comunicación que sacudió medio mundo, que el sistema financiero del país más rico de la tierra podría colapsar totalmente.

Nunca se pensó en esto.

Después de 1929, el mundo entero estaba totalmente seguro que la economía global era tan fuerte que cualquier cosa podía pasar, menos la posibilidad de enfrentar otra recesión similar a la del año histórico que marco época.

LA VISIÓN I

Estaba convencido que la economía en la era del Internet y los teléfonos inteligentes estaba saneada y que la tierra vivía en un constante "Boom" económico y que todo marchaba sobre ruedas, pero cuando sucedió esto, despertó de su sueño y descubrió que la realidad era otra y que la economía mundial era tan vulnerable como cualquier otra ciencia.

Se inicio entonces en esas fechas un "congelamiento" del crédito interbancario y de la emisión de valores comerciales a corto plazo.

Lo que significaba reducción de personal al mínimo, otra medida conciliatoria fue reducción de sueldos para no tener que perder el trabajo, y lo peor despidos masivos de empleados y finalmente cierre de grandes fabricas.

Y de la noche a la mañana muchos se quedaron en la calle, y cuando se firman las hipotecas por compra de casa, y no hay dinero para pagar, los que están en la calle pierden sus casas también porque los Bancos al no recibir el pago toman esa herramienta judicial y sin ningún tipo de contemplaciones, las ejecutan.

Así de duro es el efecto de una recesión, las consecuencias, son impredecibles.

Una de las causas que produjo esta debacle, fue, como lo dicen algunos peritos en la materia, "la codicia de los bancos al querer sacar provecho a través del crédito."

La modalidad que utilizaron fue la de no respetar los procedimientos que se utilizan para este fin cuando se trata de un préstamo hipotecario, sino el criterio propio, de como obtener mayores ganancias.

Lo básico hubiera sido primero averiguar la solvencia económica y la linea de crédito de cada uno de ellos para ver si califica o no, para aprobar la aplicación.

Pero el criterio que se utilizo fue otro bien distinto, la de cobrar altos intereses a los prestamos hipotecarios a instituciones y personas insolventes que lógicamente un gran porcentaje nunca va a cumplir.

Y esto fue lo que realmente pasó. Porque produjo una burbuja inmobiliaria, encareciendo las casas, y los terrenos a precios realmente exhorbitantes, sobrevalorados y de paso, inalcanzables para una familia de medianos recursos económicos.

Se presume que los que recibieron los prestamos hipotecarios crearon esta burbuja inmobiliaria con el fin de recuperar lo invertido, obtener su ganancia y pagar su deuda con el Banco.

Pero fue el mas grande error, porque lo único que consiguieron fue hundir mas a las instituciones financieras y a ellos mismos.

Hasta que reventó el "chupo" y al verse en apuros para tratar de tapar el hueco a la economía, y evitar el escándalo, colocaron las acciones morosas en la red económica mundial y al no funcionar esto tampoco, todo el aparato financiero construído por ellos se vino abajo y afecto a toda la red económica internacional y casi se produce una debacle en todo el planeta.

Los que mas sufrieron fueron la gente común y corriente al perder su fuente de ingresos: sus trabajos.

Y segundo: la falta de honestidad y honradez en las operaciones bancarias de los "grandes" fue lo que causo esta crisis, casi catastrófica de la que hasta hoy, el mundo no se ha llegado a recuperar totalmente.

En el 2009, Estados Unidos, Reino Unido, Canadá, y todos los países de la Euro zona entran en recesión oficialmente, y se empezaron a producir todos los fenómenos ya descritos, y mucha gente no pudo resistir el impacto, al verse despedidos, y sin posibilidades de encontrar otros trabajos, y con deudas pendientes de pago, entró en pánico y entonces se produjeron muchos suicidios.

La Euro zona sufrió la peor parte, países como Francia, España, Italia, con economías fuertes, de un momento a otro se vieron sin dinero y sin recursos, esperando lo peor, pero lucharon para mantenerse a flote en medio de todas las dificultades, y lo consiguieron.

LA VISIÓN I

Por otro lado, América del Sur, fue fuerte frente a esta amenaza global, porque pudo mantener el equilibrio en medio de una economía endeble.

En la Euro-zona el impacto fue peor porque los 17 países que la integran fueron afectados de una u otra manera, como por ejemplo la quiebra de Bancos en serie.

¿ A que otra cosa se le podría llamar "gran tribulación" en el mundo?

En esta época sólo a algo parecido a una "gran recesión" que si se da en el sentido propio de la palabra, seria casi imposible la supervivencia para los que están sólo con lo que tienen puesto y a los gobiernos tratar de salir de ella.

Y a un gran período en el que los efectos del cambio climático con todo lo que ello involucra, y las plagas descritas en la Biblia, harían peor todavía la situación, aunque la humanidad no sería extinguida por esa causa, si traería gran sufrimiento a todo el género humano.

Tal como se vive la vida hoy en día muchos lo considerarían como un juicio divino, pero más importante que eso es que Cristo pronosticó esto: "que la tierra se encontraría en una situación similar, antes de su segunda venida" y que los que creen y viven para contarlo deben saberlo.

"Entonces habrá señales en el sol, en la luna y en las estrellas, y en la tierra angustia de las gentes, confundidas a causa del bramido del mar y de las olas".

"..desfalleciendo los hombres por el temor y la expectación de las cosas que sobrevendrán en la tierra; porque las potencias de los cielos serán conmovidas" (Lucas 21:25 y 26).

"E inmediatamente después de la tribulación de aquellos días, el sol se oscurecerá, y la luna no dará su resplandor, y las estrellas caerán del cielo,...Entonces aparecerá la señal del Hijo del Hombre en el cielo.." (Mateo 24;29,30).

Es a esta gran recesión, lo que realmente se le podría llamar "una gran tribulación".

Por razón de las características que tiene, de ser una época dura, jamás pensada, por la que pasaría la tierra antes de su segunda venida, puede ser que en medio de este periodo en que se encuentre el mundo; esta segunda venida de Cristo se produzca espectacularmente; o al final, o a poco después de comenzado antes de que se agrave más; la cosa es que esta señal es un punto de referencia que se dará en la tierra.

Y aunque está pendiente de cumplirse totalmente, ya a hecho su presentación en el mundo, apareció en la década del 2000, años 2007-2008 y desde allí no a desaparecido.

Motivo por el cual los premios Nobel en economía y los analistas financieros han dado datos sumamente importantes sobre el comportamiento de la economía así como sus proyecciones para un futuro cercano nada prometedores.

La predicción Bíblica

Es importante resaltar que la Biblia habla de un periodo de tiempo así, donde la gente va a pasar por cosas similares en el mundo.

La visión es hacia el futuro, pero lo asombroso es cómo puede alguien predecir y describir una situación similar a la de nuestros tiempos, en la que todos los seres humanos pasarán por una "gran tribulación, cual no la ha habido, ni la habrá" (Mateo 24:21).

Aquí no se refiere tan sólo a las guerras, sino también a las personas que vivan en países o lugares donde no se dan tales cosas, sean de economía moderada, o emergente o buena pero de alguna manera están ligados por las relaciones económicas, siendo la economía la piedra angular que sostiene la vida humana en los 5 continentes.

La pregunta es: ¿hay algo peor que una crisis económica global que afecte la vida humana?

No hay nada peor que eso.

Solamente Dios puede hablar de cosas y asuntos que están vedadas para el conocimiento humano porque no se alcanzan a comprender ni se pueden visualizar. No obstante están allí.

Si observamos lo que paso en el 2007-2008 es la sombra de 1929, pero ha sido contenida no solucionada por lo tanto sigue siendo un peligro, nadie puede pasar por alto la gravedad de lo que paso con la economía mundial en el 2008, porque no es algo que afecte sólo a cierto sector de gente, o a ciertos países solamente, o que los cristianos estén al margen de esas cosas, no, de ninguna manera, la economía mundial afecta a todas las personas, sin importar sus creencias o su fe religiosa, sea de cualquier índole.

Los cristianos no son gente mística que vive en las nubes, sino que es gente normal como cualquier otra, que ha creído en Cristo como Salvador personal, esa es la única diferencia pero necesita trabajar para vivir, necesita un terno para vestirse, una corbata o zapatos y muchas otras cosas más.

Y luego tiene que afrontar todos los desafíos de la vida, como cualquier persona común y corriente, no tiene privilegios ni excepciones, porque está todavía en la tierra, no en el cielo.

Cómo afectó la Euro zona

Este bloque de la economía sacudió a Europa, 2008 año difícil, porque cambió el status de la gente.

Pasaron de una situación normal a otra extrema, y todas las situaciones extremas generalmente, no son buenas ni deseables, porque afectan la vida, la salud y el alma.

Esta crisis comenzó en la década del 2000; la pregunta es: ¿continuará y pasará a la siguiente década o no pasará por haber sido superada?

Si es superada y no pasa a la siguiente década del 2010 entonces es muy probable que no sea este el periodo aquel a que se refiere el texto bíblico.

Pero si continúa y pasa entonces es muy probable que la "gran tribulación" tenga mucho que ver con esta crisis que empezó desde el 2007 y se manifestó en el 2008.

¿Cuál es el comentario de los economistas? Uno de ellos es muy importante un experto en materia económica exhorto a los líderes mundiales enfocarse en el realismo prudente: "El mundo todavía no ha escapado al riesgo de un colapso de la economía mundial a pesar de que se ha renovado la confianza al comenzar el 2013. Los problemas y los riesgos no se han ido; la economía todavía podría enfrentar un colapso si se alinean constelaciones muy negativas".

Una de esas "constelaciones" en mi opinión personal pueden ser las guerras. Porque son un gran problema para cualquier economía, trae cola, no viene sola, trae devastación, hambruna, muerte, caos y el costo social y económico es muy alto.

Y si a esto se añaden las necesidades de miles de refugiados huyendo de la guerra para salvar sus vidas, nos encontramos con que no hay ninguna economía tan fuerte que pueda hacerles frente a todas estas demandas.

Aunque esa es la cruda realidad, la aspiración de todo ser humano al finalizar esta década y empezar la siguiente es que, la economía mundial este totalmente recuperada, saneada y fuerte.

Pero al ver el panorama mundial plagado de guerras, terrorismo, persecución religiosa, no vemos que vaya en la dirección correcta sino por el camino equivocado.

Si se compara el crecimiento de la economía mundial con el costo de estos flagelos, el agujero negro que hacen a la economía puede ser uno por mil.

LA VISIÓN I

Nunca se va poder superar un déficit tan grande frente a un débil crecimiento económico mundial.

Es tal vez como un enfermo convaleciente que recién sale del hospital que se ponga a trabajar en construcción, durará muy poco.

¿De qué estamos hablando entonces?

No importa que los países estén relacionados y formen grupos o zonas como lo han hecho en Europa, lo que importa ahora es la recuperación económica, de lo contrario tendrán que estar preparados, de alguna manera para afrontarlo con todas sus consecuencias inherentes, en el sentido de comprender que los gobernantes luchan por recobrar el control de la economía de sus propios países pero es una lucha desigual entre algo que se quiere hacer pero que no depende de la voluntad humana, sino de factores externos.

La economía de toda nación sólo obedece a operaciones en los mercados internacionales y propios y si eso funciona bien, entonces las cosas van por buen camino pero si hay fallas; el panorama también cambia, y se tiene que recurrir a medidas extremas de un costo social muy alto.

Y eso a nadie le gusta, porque de la noche a la mañana el presupuesto familiar se rompe, y mucha gente se queda tan sólo con lo que tiene en el bolsillo, y qué pasa si es una familia de 3 hijos, todos muchachos de 14, 12, y 10 años, están en el colegio y viven en una casa rentada, llega la época de las vacas flacas, y un gran desafío para el padre de familia.

Lo primero es pensar en trabajar horas extras, o tener dos trabajos, pero en una época de recesión, eso es lo que menos hay.

La gasolina sube de precio y se vuelve escasa, las cosas también y si no hay dinero entonces todo se complica…realmente se empieza a vivir un tiempo de gran tribulación para llevar el pan nuestro de cada día a la casa.

¿Es o no es un tiempo de sufrimiento lo que traería una gran crisis económica a la tierra? Realmente sí lo es.

En la década del 2000 se hizo conocido el grupo llamado "los indignados". Lo que se produjo en 2007 y se dio a conocer en 2008, el casi colapso del sistema económico mundial, fue ocasión para que se formara este grupo reclamando una reforma al sistema económico actual donde no haya tantas desigualdades en cuanto a pobres, ricos y los que están entre ambos, pero sin armas y sin violencia sino de manera pacífica.

Aunque su reclamo no es muy especifico ni claro, se le puede atribuir su demanda a una reforma al sistema bancario vigente y es lo mas positivo que se puede rescatar de este grupo social.

Lamentablemente no es tan fácil salir de una crisis sin la ayuda de otros, los errores siempre se cometen, pero no se deben volver a repetir ya que si los gigantes bancarios caen, se puede desarmar todo el sistema económico construido.

No sabemos si su petición será oída por las autoridades competentes pero por lo menos han dado a conocer su reclamo desde una perspectiva pacífica.

Sin embargo, para que haya una economía mundial estable, también tiene que haber estabilidad en los países, y eso es lo que menos hay. Esperar un día que se vea vivir en un mundo unido y no dividido. Aún falta mucho camino por recorrer, pero llegará.

¿Qué significa una recesión a corto plazo?

Puede ser también un cambio irreversible en el sistema económico global sin que nadie lo pida sino por inercia propia así como también el fin del sistema económico actual impuesto por el hombre en la tierra.

Dicho en otras palabras si colapsa el sistema económico actual, no será temporal sino definitivo, pero traerá consigo cambios drásticos también al sistema y a la sociedad bajo otra perspectiva mejor.

La crisis se resolverá en ese caso de una manera diferente a todo lo esperado, y será definitiva si el actual sistema económico impuesto por el hombre cambia.

Hay que tener en cuenta también, que si sucede una gran recesión no sólo consistirá en una quiebra de todo el sistema económico mundial, sino que puede también venir acompañada de una serie de desastres climatológicos, y otras calamidades que los astrónomos exploran como caídas de meteoritos, y otras plagas, o pestilencias mortales, que realmente ensombrecerían aun más el panorama.

Por lo tanto es realmente una seria amenaza para la estabilidad y para la vida.

Si al final de la década del 2010 o a comienzos de la siguiente esta situación económica no ha sido superada, y crece la economía en todo el mundo, es probable que la vida no seguirá transcurriendo igual de aquí a 20 o 25 años más.

Por lo tanto en esta década, es necesaria la recuperación del control de la economía mundial a un cien por ciento.

Nadie espera esto, se cree que la vida seguirá transcurriendo igual de aquí a 20 o 25 años más, pero por lo que se ve en el horizonte, parece que no será así. Cuando suceden acontecimientos como estos, que sacuden al mundo, es como una señal de alerta para los habitantes de la tierra de que las cosas no están bien, y se pueden poner peores si es que no se revierte la situación extrema de violencia a otra de paz mundial.

Una de las grandes razones es que vivimos en un mundo cada vez mas dividido y mas violento sea por cuestiones políticas o religiosas, o por cualquier causa, el hecho es que nos muestra que el sistema económico en el que vivimos puede venirse abajo con todo el peso que tiene para todas las economías del mundo.

Pero no se puede afirmar a ciencia cierta si este colapso es el inicio del periodo denominado" la gran tribulación" del que habla la Biblia, aunque todo parece indicar que es probable que así sea. Ya que pensar en 100 años más para su cumplimiento, no tiene sentido, la economía mundial y el sistema actual de gobierno del hombre ha llegado al tope.

Con el inicio de la década del 2000 se inician también una serie de acontecimientos y sucesos que hicieron historia, siendo la crisis económica del 2007-2008 la que trastornó todo el sistema de vida del mundo.

Un futuro incierto

Tenemos tres definiciones sobre le avance de la economía que determinan el rumbo que esta tomando, el primero es:

¿Progresivo?
Si en el mundo todos tuvieran en cuenta que se necesita "paz" si se quiere salir adelante entonces las condiciones para el desarrollo económico mundial se dan y es 100% seguro que así será; pero infortunadamente se trata de algo que se tiene que buscar con una linterna porque es lo que menos hay.

¿Estacionario?
Si las guerras azotan casi medio mundo donde se involucran potencias por causas políticas o pretextos religiosos, o ambiciones de tomar mas territorios ajenos, o atacar otras naciones sin causa, por causas étnicas y raciales, o dedicarse a la construcción de armas de destrucción masiva para usarlas contra otros seres humanos además de tratar de vender tecnología atómica a países que viven en paz con sus vecinos, ¿esto en que puede ayudar a evitar una reseción global?

¿Recesión?
Actualmente se tiene que afrontar un gran problema humanitario como es la gran cantidad de refugiados en muchos países del mundo, huyendo de la guerra.

LA VISIÓN I

Y esto los organismos internacionales, lo tienen que afrontar significando un costo muy alto para ellos, en una época en la que la economía global no pasa por buen momento.

Además de grupos extremistas que siembran el terror en el medio oriente, África y donde pueden, pero no queda allí sino que se tiene que afrontar esas necesidades humanitariamente, ¿cómo entonces superar el saneamiento de la economía al final de la década del 2010 a corto plazo con tantos flagelos que cuestan mucho dinero a los organismos internacionales?

Si se quiere evitar definitivamente la crisis global se tienen que superar todos estos inconvenientes en el camino y cambiar todo el sistema de vida humana de uno violento como lo es actualmente a otro pacifico, lo cual parecería algo utópico en la naturaleza humana, si se quiere contribuir a la solidez económica de los países en la tierra.

Se presume que estableciendo un nuevo orden mundial se puede superar las amenazas de afrontar una gran recesión.

Las alternativas que se dan son tres: uno: establecer la reforma del sistema monetario internacional… dos: una sola autoridad política mundial y tres: un solo Banco Central Mundial, es sólo una alternativa que requiere mucho estudio de los pro y los contra sin la seguridad de que va a cumplir su cometido, además de ser muy complejo su mecanismo, puede funcionar, si es cierto, pero, ¿cómo se establecería la paz mundial en todos los países del mundo, si ahora es uno de los grandes problemas? Los organismos internacionales hacen lo que pueden para arreglarlo, pero no pueden porque la voluntad humana no está dispuesta a cooperar con estas condiciones.

Y sin paz, es muy poco o casi nada, lo que se puede hacer por más que lo intenten.

A este ritmo, como va la humanidad, al final de esta década las condiciones de vida pueden cambiar drásticamente, en lo económico, en lo político, en lo social y superar los problemas sociales de convivencia pacifica entre naciones puede convertirse en un constante desafío.

¿Habrá otro colapso financiero?

Todo depende de un cambio radical en el sistema bancario mundial, aunque sea la cosa más complicada que haya; a través del cual se pueda establecer una renovación en la banca y los mecanismos de manejo del sistema financiero.

El actual sistema definitivamente tiene grandes fallas y ha sido hecho para salvaguardar los intereses de los Bancos, aparentemente.

Ya que en caso de quiebra ellos saben que serán rescatados, la razón que se esgrime es que las consecuencias serían mayores, especialmente si se trata de Bancos grandes y eso es cierto, pero puede suceder, llegado el caso, que aunque se quiera ya no se pueda, y entonces, llegará lo peor, aún con todos los esfuerzos hechos para evitarla.

Por un lado puede ayudar mucho una nueva legislación orientada hacia lo equitativo eliminando los defectos adquiridos en el trabajo como la codicia y la deshonestidad y dejar sin efecto el sistema caduco vigente y proteger a los contribuyentes.

Pero si tampoco eso funciona significaría que esa no es la causa principal sino otra mayor, ¿cuál?

Lo único que puede ser es la necesidad de una paz y seguridad mundial, lo que crearía las condiciones para una restauración de toda la economía global. Pero, se trata de algo casi imposible para la naturaleza humana, ¿está en la capacidad del hombre alcanzar este requisito en los tiempos actuales, y con el ritmo de vida que se lleva en el mundo?

Definitivamente no. Es una fantasía. En consecuencia el único acontecimiento que puede cambiar este mundo, es la segunda venida de Cristo, sólo alguien capaz de cambiar las cosas y poner todo en su sitio y en orden puede producir la paz que realmente necesita este mundo. Nuevamente el hombre vuelve a fallar en la administración económica del planeta, ¿hasta cuándo?

No obstante, la lucha por salvar la economía mundial sigue.

Actualmente la propuesta de cambiar el sistema financiero es ineludible en el sentido de que está orientada a evitar que se repitan los mismos errores del pasado que casi terminan con un colapso mundial de toda la economía.

Ahora si por cualquier otra razón no se procede a la reforma del sistema bancario, entonces ya no hay ni siquiera una posibilidad de sacarla a flote.

En otras palabras, habría que tomar en serio la reforma del sistema bancario con la mira de consolidarla y de salvar la economía de un colapso mundial a corto plazo, es una gran posibilidad, de hacer todo lo que se pueda hasta el ultimo momento y en eso están trabajando.

Una de las cosas que se pueden tener en cuenta es descartar en el nuevo sistema a elaborar, la política proteccionista a los grandes consorcios financieros como las entidades bancarias, para que se apoyen en su solvencia económica como para asumir su propia responsabilidad en caso de un colapso económico. Es decir un buen manejo del dinero ajeno, que les permita absorber cualquiera de estas fallas humanas.

Pero, si a pesar de todas estas propuestas al final resultan inaplicables, ya no queda mas alternativa sobre la mesa, cualquier cosa que se haga será entonces también ineficaz para un rescate a los bancos.

Lo único que podemos aseverar es que, la reestructuración del sistema bancario es mas importante de lo que se cree porque de ella depende en cierto modo el ayudar a salir de esta situación de incertidumbre y dar un paso adelante en la consolidación del gran rubro de la economía mundial para cerrar la puerta a cualquier riesgo que se podría presentar de enfrentar una segunda y gran recesión.

Realmente se necesita una reestructuración de las reglas de juego bancarias.

Una de las fallas está en los asesores financieros que llevaron al casi colapso de la economía mundial debido probablemente a estos consejos "expertos en asuntos financieros".

Si hubiesen llevado por buen camino a la economía entonces las cosas estuvieran mejor hoy en día, pero no fue así, y hoy se sufre las consecuencias de esas malas decisiones.

Se podría citar el caso de las hipotecas dadas a mucha gente e instituciones insolventes y luego al no ser pagadas y no poder recuperar la inversión colocar las acciones en el mercado internacional sabiendo que eran incobrables y las consecuencias que se derivan de esa acción para el sistema económico del mundo.

Si este es el modo normal de operar de los grandes Bancos hay mucho que enmendar, en el sentido de que en vez de solución están creando un gran problema.

En ese sentido tienen que elaborarse nuevas reglas con honestidad, responsabilidad y honorabilidad que vaya hacia soluciones practicas, reales y permanentes salvaguardando los intereses de todo el mundo que juegan un papel importante en la economía mundial.

En ese caso también se puede ver la forma como podría hacer frente a situaciones de emergencia asumiendo su propia y gran responsabilidad sin involucrar a otros ajenos a todos los manejos de la Banca.

Se podría vivir mirando al futuro y con nuevas expectativas para una vida mejor y grandes planes ¿o es que el ocaso para un desarrollo mayor en la experiencia humana ya llego a su límite y las mejores décadas en cuanto adelantos científicos y tecnológicos ya pasaron?

La idea de ser los exploradores de otros planetas en el universo para colonizarlos y vivir en paz, de ello sólo queda el proyecto, sin la certeza de que algún día podrá materializarse, las épocas de la guerra fría, del primer hombre a la luna, del capitalismo o comunismo como los grandes descubrimientos para una vida mejor, ya pasaron, hoy no funcionan, están desafortunadamente desfasadas.

La situación económica mundial es uno de los grandes problemas que hay por delante y a pesar de que se toma en serio este rubro y se trata de dar una solución definitiva, los factores sociales y el clima de violencia que sacude a todos los países del medio oriente y el Africa y parte de Europa afectan de alguna manera recuperar la economía a plenitud.

La idea de un solo banco central mundial, como una propuesta informal de algunas organizaciones no enfoca el verdadero problema y puede transformarse en un aparato burocrático, lo que se necesita es un cambio en las reglas de juego de las finanzas de los Bancos que vayan precisamente a cerrar brechas que puedan dar margen a una quiebra del sistema.

Un solo gobernante mundial

Esta otra propuesta, no tiene elementos sólidos de juicio para establecerlo, ya que un cambio del sistema mundial de gobierno sin ninguna modificación en las leyes que rigen las operaciones bancarias de muy poco sirve. Pero corrigiendo los defectos no se necesita tal cosa sino que pueden ayudar a salir del atolladero a la economía mundial.

¿Tal vez crear un nuevo orden mundial para sustituir el actual sistema para la reforma del sistema monetario internacional a fin de estabilizar de una vez por todas la economía y traer la paz al mundo para la convivencia pacifica entre las naciones?

Todas estas propuestas son casi impracticables por las grandes diferencias que hay entre las clases sociales de actualidad, las diferencias entre los niveles de vida entre los continentes son muy marcadas, por un lado la abundancia y por otro la necesidad, gente sin recursos económicos básicos para vivir y por otro opulencia, ¿cómo se puede creer que todo esto cambiara al mismo ritmo de un nuevo orden mundial?

Ni aún en una o dos o tres décadas este mal endémico puede ser erradicado, sin antes haber desterrado la violencia y establecido un periodo indeterminado de paz sobre la tierra y esa es una tarea sobrehumana.

Teniendo en cuenta que reestructurar los grandes Bancos es un proceso de muy largo tiempo, ¿una vez conseguido se habrá superado el peligro de volver a caer en un remolino, por el tiempo que demanda toda una nueva estructura financiera o tal vez será demasiado tarde?

¿Cuál es el temor que esto significa?

El tiempo transcurrido sin llegar a la recuperación total de la economía mundial hace peligrar su estabilidad indudablemente.

Razón por la cual quedaría el camino abierto para nombrar, apresuradamente a un líder como ultimo recurso con el único fin de agotar todos los medios y todas las formas para salvar la economía de una bancarrota total.

Tal vez es una medida de emergencia en un ultimo intento de evitar un colapso de serias consecuencias y la mayor parte de los países estarían de acuerdo.

Puede ser una posible solución, pero lo importante es que sea verdadera, estable y de crecimiento, a corto plazo, no temporal ni pasajera, para lo cual se requiere solucionar los problemas actuales tales como las guerras, el terror, combatir las epidemias y dar ayuda a los millones de refugiados que huyen de sus países para ponerse a salvo de los grupos extremistas que toman sus países y los matan sin piedad.

Aparte de sacar de la recesión a países que por un momento parecía que habían salido de la crisis, pero fue sólo transitorio porque pronto volvieron a caer y se ven envueltos de nuevo en la misma situación del 2008.

Si un líder puede dar una solución a todos estos problemas y recuperar el equilibrio social entonces ha logrado obtener el clima favorable para sanear de una vez por todas la economía mundial

Y con toda probabilidad la solución sea definitiva.

Uno de los ingredientes es conseguir la paz, y eso significa progreso, millones de dinero en ahorro mundial, proyectarse en inversiones que genera miles de puestos de trabajo, en consecuencia la paz trae prosperidad y ayuda a salir de la pobreza a las naciones.

Pero si ninguna de estas cosas se dan sino sólo se prometen y quedan en promesas es muy posible también que el efecto que tengan a este paso, sea totalmente negativo y las cosas pueden ponerse peor que antes.

Actualmente al mundo le cuesta mucho dinero enfrentar epidemias, la violencia que estalla en muchos países, la condición inestable de otras tantas naciones, guerras y rumores de guerras, el gran problema es que eso no es todo cuando se trata de sanear la economía, hay mucho mas por delante como la volatilidad del dinero.

Tal vez desde el punto de vista político para crear el ambiente adecuado necesario para salir del peligro de caer en una segunda y gran recesión lo primero que se tiene que hacer es crear ese ambiente, pero una vez creado, recién se empieza a tratar con las reglas de juego que rigen las operaciones financieras, que es otro campo mas complicado.

Cuando se trata de materias primas como el petróleo, esta tiene por ejemplo precios diferentes, el barril de petróleo no cuesta igual en todas partes y si la producción baja, y el mercado se contrae, entonces los ingresos por este rubro bajan y puede haber despidos masivos de empleados, de tal manera que es impredecible lo que puede ocurrir una vez abordado el problema de la corrección económica del mundo, teniendo en cuenta de que los problemas van a continuar, nunca se acabaron.

Sólo se espera que se mantenga el manejo de la difícil situación y reactivar el sistema contra viento y marea sin perder la brújula.

Lo que nos indica que el problema de la crisis económica del 2008, esta infortunadamente vigente, no se ha solucionado como se esperaba, tampoco se ha ido como se pensaba y no ha desaparecido en esta década; es como si estuviera haciendo una pausa, antes de tomar fuerza y embestir el sistema de vida actual, mucha gente envuelta en olas de violencia parece que no se da cuenta de ello al crear una gran brecha en la economía mundial con sus actividades beligerantes contra la población civil, lo que genera gastos y calamidades mayores que demandan grandes cantidades de dinero de las organizaciones internacionales para cubrirlos.

La década del 2000 ha traído muchos cambios drásticos sobre el planeta como nunca antes, y uno de ellos y de grandes consecuencias es la casi recesión del 2008, que hay que tenerla en cuenta como un mensaje que nos envía la historia sobre el ciclo repetitivo de los hechos funestos similares que sumieron al mundo en una gran tribulación en décadas pasadas, y que pueden volver a ocurrir, con la diferencia que dado el grado de desarrollo y el aumento de la población mundial sería sencillamente en los tiempos actuales, una gran catástrofe.

Sabemos por experiencia propia que las cosas inestables no duran y en una situación económica, menos todavía; razón por la cual se trabaja contra el tiempo haciendo especialmente los cambios al sistema de manejo bancario para cerrar la puerta del mundo a la crisis, que puede convertirse también en un gran enemigo de la paz global; la meta es terminar la nueva estructura antes del fin de la década del 2010 e instalarla en el funcionamiento del sistema y la economía tiene entonces todas las probabilidades de salir adelante.

LA VISIÓN I

En algunos países de América Latina se está viviendo el fenómeno de la burbuja inmobiliaria, que fue lo que causo una de las peores recesiones de los últimos tiempos, que llegó afectar a casi todo el mundo, pero curiosamente se ha trasladado a otros países cuyos precios de los inmuebles se están yendo por las nubes, y se han vuelto incontrolables.

Son exactamente las mismas causas que caracterizan una debacle económica a corto plazo, y los Bancos están involucrados en ello en cuanto a los prestamos hipotecarios, tal vez en las mismas condiciones que se dieron en los Estados Unidos.

A lo que se tiene que parar antes de que sea demasiado tarde.

Si continúan las cosas así y los gobiernos no se dan por aludidos y permanecen indiferentes o creen que todo esta bien, el futuro cercano para todo país esta en peligro de caer en una seria situación critica.

Pero si toman cartas en el asunto y mueven todo su aparato estatal hacia ese rubro, y regulan los precios de ventas en los mercados inmobiliarios de terrenos, viviendas, y edificios poniendo mano fuerte y vigilan los prestamos hipotecarios que hacen los bancos, en el sentido que sean hechos sólo a entidades y personas solventes que puedan responder una vez adquirida la responsabilidad de pago, entonces están trabajando enfocados en el problema sabiendo exactamente lo que hacen y proyectandose hacia el saneamiento de su propia economía y también han hecho estallar la burbuja inmobiliaria en el aire.

Una cosa es que el país más rico del mundo asuma esta crisis y aun con todas las posibilidades en contra, la pare y se levante de la peor situación y cambie el sombrío panorama a otro mejor, dando un respiro al mundo y una gran oportunidad de alejarse de ese peligro; y otra cosa es que cualquier país emergente este por caer y caiga en ese problema, porque no tiene la misma capacidad de los grandes para levantarse fácilmente.

Si quieren superar ese punto vulnerable que es talón de "Aquiles" de toda economía, tienen que ponerse las pilas y hacer algo antes, porque es el único momento, después ya no es posible, sólo tendrían que ir a llorar al muro de los lamentos.

En consecuencia puede suceder esto en países cuya economía se este consolidando y hay un boom inmobiliario sin precedentes que en vez de tomar medidas para cautelar los intereses de la nación, lo tomen en sentido contrario creyendo que la economía este creciendo, pero a la postre puede traer mucho sufrimiento y dar a luz al inicio de un ciclo de una gran recesión cual nunca se ha visto.

Lo que sucedió en un país con la economía puede suceder también con cualquier otro país, es como si los mismos elementos se hubieran trasladado a muchos otros países en los otros continentes para causar un desequilibrio total a nivel mundial y esto es preocupante porque estamos ante un gran desafío al que nadie puede hacerle frente con facilidad.

La Biblia habla de un periodo similar al de una gran recesión mundial por el que pasara la tierra, que aun no lo esta viviendo pero que no se descarta la posibilidad ya que el sistema de vida humano por el que se rige la tierra esta basado en la economía y si esta es quebrada traería entonces una gran tribulación cual nunca se ha vivido sobre todo el planeta.

Eso quiere decir que lo que dice la Biblia es verdad y lo único que puede causar ese trastorno es una gran recesión a nivel mundial y eso hoy en día es una dura realidad se vea o no se vea como tal.

Nadie lo puede negar ya que se han juntado todos los factores negativos que pueden dar origen a ese periodo con efectos sencillamente trágicos precisamente en la presente década.

¿Cómo pudo Jesús el Hijo de Dios, hablar de cosas totalmente desconocidas y ajenas a las culturas de esos tiempos sobre una gran tribulación al final de la historia humana y ponerla como una señal clara antes de su segunda venida; a menos que no sea otro que el mismo Dios que es omnisapiente? De eso no cabe duda alguna.

LA VISIÓN I

Puede ser también que sea la última.

No habrá otra después de esa; dada la gravedad de los hechos y es probable que si este es el tiempo, sucederá y vendrá acompañada de catástrofes, pestes, calamidades y todas las consecuencias que traería el cambio climático.

Añadiendo las plagas del libro de Apocalipsis, que si estamos ya en ese periodo desde el 2007, entonces, no se va a esperar que lleguen, porque ya llegaron y ya han comenzado.

Sólo se sabrá cuando se multipliquen.

Aparte los fenómenos meteorológicos como lo pronostican los científicos de la NASA y la consecuencia de sus impactos sobre el planeta, tales como la caída de grandes meteoritos sobre el mar afectando la vida acuática, los ríos, contaminando así las aguas, sobre la tierra trayendo pestilencias, virus desconocidos y enfermedades, olas extremas de calor y de frío, aumento de la temperatura ambiental de un momento a otro, explosiones solares gigantescas que pueden privar de horas de luz a la tierra y nuevas plagas que pueden aparecer causando males al extremo de querer morir, pero también esta escrito" que hasta la muerte huirá de ellos." (Apocalipsis 9:6).

Ahora, ¿alguien en su sano juicio quiere estar allí?

La respuesta es sencilla: no. nadie. Y si la Biblia lo advierte es porque es posible una salida. Y la única es la de creer en Cristo como salvador personal, no queda otra alternativa, es el único camino.

En otras palabras, la gran tribulación, esta programada en el calendario profético. No como algo que Dios lo hace, sino como el resultado natural del manejo económico por el sistema humano. Y ante un magro acontecimiento como este, se cierra el telón del tiempo del fin, tanto para el gobierno del mundo por el hombre como para todas las fuerzas de maldad que operan desde el cosmos contra la obra maestra de Dios: el ser humano.

En consecuencia nos encontramos viviendo esa "pausa" en medio de una situación mundial "anti económica" que las naciones del mundo las están sufriendo en carne propia.

Y que esperan que alguien mas fuerte que el "hombre fuerte" de este mundo, pueda ampliamente vencer a este adversario que es capaz de destruir la tierra, enfrentando al hombre contra su prójimo.

Y destruyendo el anhelo de vivir en medio de una paz mundial, que es inherente a toda persona, Dios puso este gen en el corazón de cada ser humano desde su creación, así como el hecho de ser parte de una familia mientras se viva en la tierra.

La segunda venida de Cristo se considera una necesidad porque viene con propósitos bien claros, la de restaurar la paz en la tierra, el bien, y desterrar el mal entre los seres humanos creados a su imagen y semejanza.

La de poner fin a este ciclo final de violencia mundial, ola de crímenes y asesinatos y derramamiento de sangre inocente.

Para planes mayores que Dios tiene para aquellos que han creído y han puesto su confianza en Él.

Todo ser humano ha sido hecho para alcanzar niveles de vida mas altos que los de la tierra, creado para tener vida eterna con Dios en lugares celestiales, no fue hecho para ir a parar al infierno y terminar en el lago de fuego, no, ese lugar no fue hecho para el hombre sino para el diablo y los ángeles caídos y los que rechazan la salvación en Cristo.

El seguirle significa tener vida eterna y continuar en niveles mas altos que los vividos en la tierra sin perder nunca su identidad personal, se hablan de ciudades, calles de oro, de ríos de agua, del árbol de la vida y que no necesita luz de sol ni de luna que brillen en ella porque la gloria de Dios la ilumina, (Apocalipsis 21, 22) y de toda la familia de Dios… hoy es el momento de pasar la linea de la vida transitoria a una de plenitud eterna, a una vida abundante con la cual nunca se soñó, no hay una promesa mejor que esa y es para todo aquel que quiera entrar al reino de Dios, ¿quién no anhela algo mejor en su vida? con mayor razón todavía si en esta vida no ha conseguido los logros que hubiera querido.

Dios le ofrece satisfacer todos los anhelos del corazón, tal vez herido o frustrado y poner una paz que sobrepasa todo entendimiento y que el mundo no puede dar; hay miles de personas en esta situación a quien Dios espera y les ruega que vengan a Él, mientras hay vida hay también esperanza pero una vez acabada, ya no hay ninguna.

Pero entre tanto llega ese día, estamos viviendo esa "pausa"... ¿cuánto tiempo? ¿cuatro décadas más?

La pausa no puede durar mucho tiempo, pero es necesaria para que se cumplan algunos acontecimientos que aún faltan para completar el cuadro apocalíptico.

La tierra esta en una encrucijada de la que trata difícilmente de salir, así como alguien que cae en un pantano y lucha con todas sus fuerzas para salir de allí pero mientras más movimientos hace, mas rápido se hunde, a menos que alguien le ayude lanzándole una cuerda y lo jale para sacarlo y si no es así, de todos modos se hundirá entonces habrá acabado todo, ¿será este el caso de esta crisis que se gesto en la década del 2000 año 2007-2008?

No sabemos, pero extrañamente coincide con esta predicción inequívoca de Jesús el Hijo de Dios, y que determinará su segunda venida, pero la gran tribulación de la que habla la Biblia, puede también referirse a esta crisis económica que empezó en 2007 y se manifestó en 2008, y de llegar a producirse estaríamos identificando una de las señales mas claras del fin de la era del sistema de gobierno del hombre sobre la tierra.

De esta manera pueda ser que termine la hegemonía o predominio del hombre sobre la tierra, que Dios le dio para que la administre con ciencia, inteligencia, sabiduría y produzca frutos de justicia, de paz, de convivencia pacifica entre los pueblos, y luche contra flagelos del hambre y la enfermedad, dando siempre gracias a Dios por su benevolencia, si cumplió con su responsabilidad civil estará con su conciencia tranquila de haber cumplido con su deber a plenitud, de lo contrario Dios y la patria se lo demandaran, en base a los juramentos que hicieron antes de asumir los cargos públicos.

La segunda venida de Cristo

Es un acontecimiento profético que en esas circunstancias se provocará, para sorpresa de unos y beneplácito de otros.

Pero sobretodo, para poner fin al sufrimiento humano, empezar un nuevo capítulo en la historia de este planeta y poner en orden todas las cosas en una nueva dimensión.

Será un gran cambio en todos los aspectos, desde el estilo de vida hasta el sistema económico y un gobierno basado en la sabiduría divina, imposible saber como, pero definitivamente muy diferente al hasta hoy conocido.

Por otra parte, Jesús nació en Belén de Judea, vivió en Nazaret, y su niñez y juventud la paso en esos lugares, tuvo amigos, jugo con ellos como cualquier otro niño, y estuvo sujeto a sus padres hasta la edad de 30 años, fecha en que inicio su ministerio, nunca hizo pajaritos de barro, soplaba sobre ellos, y luego los tiraba al aire y salían volando; fue perfectamente humano, y Dios a la vez, y como tal, regresará y caminará por los mismos lugares por donde alguna vez anduvo; pero ya no como el humilde carpintero de Nazaret, sino como Rey de Reyes. "Dominará de mar a mar". "Todos los reyes se postraran delante de Él; todas las naciones le servirán". "Porque Él librará al menesteroso que clamare, Y al afligido que no tuviere quien le socorra." (Sal.72:8, 11,12)."Lo dilatado de su imperio y la paz no tendrán límite."(Is.:9:7).".morará el lobo con el cordero, y el leopardo con el cabrito se acostará; el becerro y el león y la bestia domestica andarán juntos, y un niño los pastoreará. La vaca y la osa pacerán, sus crías se echarán juntas, y el león como el buey se alimentara de paja. Y el niño de pecho jugara sobre la cueva del áspid, y el recién destetado extenderá su mano sobre la caverna de la víbora. No harán mal ni dañaran en todo mi santo monte; porque la tierra será llena del conocimiento de Jehová, como las aguas cubren el mar."(Is.9:6-9).

"Aún han de morar ancianos y ancianas en las calles de Jerusalem, cada cual con bordón en su mano por la multitud de los días. Y las calles de la ciudad estarán llenas de muchachos y muchachas que jugaran en ellas."(Zacarías 8:4,5).

"Y juzgará las naciones, y reprenderá a muchos pueblos; y volverán sus espadas en rejas de arado, y sus lanzas en hoces; no alzará espada nación contra nación, ni se adiestraran mas para la guerra".(Is.2:4)

Podemos tener una vislumbre de lo que será este periodo, nada absolutamente utópico sino completamente real, en una tierra completamente renovada, sin embargo es sólo el inicio de un nuevo ciclo para llevar a cabo todo el plan de Dios, que se frustrara años atrás con Adán y Eva, mas no para siempre, la descendencia del Cristo continuará la historia. "Benditas serán en Él todas las naciones". "Y toda la tierra será llena de su gloria".(Sal.7dos:17,19).

Hoy es el momento de creer por fe en Él, y unirse a este gran pueblo que en muchos lugares los paga con su vida, pero aún cuando no sabe, ni tiene idea de como será ese día, lo cree y lo espera; pero no en vano, porque Dios siempre cumple sus promesas a todos los que confían en Él, y podemos decir que será grande la recompensa y un privilegio ser participe de esta aventura celestial jamás contada.

"El que cree en el Hijo de Dios, tiene el testimonio en sí mismo; que Dios nos ha dado vida eterna; y esa vida esta en su Hijo". (I Juan 5:10-12).

Es a corto plazo con toda probabilidad que las cosas se compliquen, pero Dios siempre da una salida para todo aquel que quiere, sólo depende de cada uno si la toma o la deja.

De modo que la década del 2000 está marcada también por un "antes" y "un después".

Si el mundo quiere cambiar el rumbo de la historia tiene que enfocarse en aquello que es vital para el desarrollo de la vida.

Mientras exista el fantasma de la recesión no hay seguridad, pero se sigue en la lucha, trabajando, buscando mejores oportunidades, y siguiendo su rutina diaria, pero con incertidumbre por el futuro, afrontando asuntos que causan trastornos sociales que cuestan dinero también, pero siempre con la idea de salir adelante.

Antes de esa década, parecía que se vivía en un mundo con economías solidas y se pensaba que se habían superado todos los problemas del pasado que podían producir una crisis, pero muy poco duró ese sueño, por que el 2008 nos volvió a la realidad y se descubrió que era siempre la economía un punto muy fácilmente vulnerable.

Actualmente sólo se consigue un mejor nivel de vida con una economía

CONCLUSIÓN

Esta es la segunda.señal que nos habla de la segunda venida de Cristo a la tierra. La gran tribulación, en una tierra llena de violencia.

Si entramos a la dimensión del tiempo y nos ubicamos en el año 33 de nuestra era y viajamos en esa dimensión a la vieja ciudad de Jerusalem, la vamos a ver como una capital del medio oriente donde ocurren los mas importantes sucesos del mundo antiguo, allí esta Jesús, un humilde hombre de profesión carpintero, de la ciudad de Nazaret mas conocido como el hijo de José y María, sus padres, y sus hermanos (Mateo 12:46) llamado el Hijo de Dios, lo vemos rodeado de una gran multitud, es de aspecto majestuoso y la gente lo llama el Mesías. Habla como un Rey a sus súbditos y descubrimos que su palabra sale con autoridad y con poder y su presencia es realmente fascinante, y alcanzamos a oír lo que dice a la multitud:

LA VISIÓN I

"Y cuando oigáis de guerras y de sediciones, no os alarméis; porque es necesario que estas cosas acontezcan primero; pero el fin no será inmediatamente. Se levantará nación contra nación, y reino contra reino; y habrá grandes terremotos, y en diferentes lugares hambres y pestilencias; y habrá terror y grandes señales del cielo. Pero antes de todas estas cosas os echaran mano, y os perseguirán; y os entregaran a las sinagogas y a las cárceles, y seréis llevados ante reyes y ante gobernadores por causa de mi nombre. Y esto os será ocasión para dar testimonio."(Lucas 21:9-13)

"Entonces habrá señales en el sol, en la luna y en las estrellas, y en la tierra angustia de las gentes, confundidas a causa del bramido del mar y de las olas; desfalleciendo los hombres por la expectación y las cosas que sobrevendrán en la tierra; porque las potencias de los cielos serán conmovidas." "Pero en aquellos días, después de aquella tribulación, el sol se oscurecerá, y la luna no dará su resplandor, y las estrellas caerán del cielo, y las potencias que están en los cielos serán conmovidas. Entonces verán al Hijo del Hombre, que vendrá en las nubes con poder y gran gloria. Cuando estas cosas comiencen a suceder, erguíos y levantad vuestra cabeza, porque vuestra redención esta cerca."(Lucas 21:25-28).

Y entonces enviará a sus ángeles, y juntara a sus escogidos de los cuatro vientos, desde el extremo de la tierra hasta el extremo del cielo" (Marcos 13:27).

Y esa palabra dicha por el Hijo de Dios en esta década del 2010, se esta cumpliendo al pie de la letra, lo que nos habla también de un pronto retorno de Cristo conforme a su promesa, la tribulación es traída por una situación inestable de la economía y también puede ser el preludio de una nueva época que se avecina para cerrar una que termina bajo la mano del hombre y otra nueva que empieza bajo la mano de Dios.

Y así cerrar este capítulo con uno de los mas grandes eventos que están a punto de ocurrir en medio de grandes problemas: la segunda venida de Cristo

Pero al mismo tiempo Dios proveé en su Hijo la salvación en todo el sentido de la palabra, y ante una inestabilidad a la que la humanidad tendrá que enfrentar, lo más prudente es agarrarse de la mano de Dios que está extendida para todo ser humano sin excepción, para salir bien de cualquier situación difícil que se pueda presentar, y lo que es mas tener un futuro brillante y ser parte de la familia de Dios.

Hasta este punto llegamos, con esta segunda Señal bien clara, y definida sobre la "gran tribulación; pero hay otra también muy importante, que tiene que ver con el medio ambiente en el que vivimos, del que dependemos para nuestra subsistencia, y la conservación de las especies.

Y acerca de este tópico queremos tratar en este tercer capitulo. Para muchos es un tema desconocido e incluso se cree que nada tiene que ver con la Biblia, la palabra de Dios, pero para sorpresa de muchos esta incluido en los planes de Dios para un gran propósito.

LA VISIÓN I

CAPITULO TERCERO: CAMBIO CLIMÁTICO
EL DIOS CREADOR

El plan de Dios para el hombre

Cuando Dios hizo al hombre, lo hizo para vivir en un medio ambiente adecuado para su cuerpo, la temperatura ambiental para el organismo humano es entre 18 a 24 grados Celsius o 74 a 75 grados F. Cualquier alteración afecta el funcionamiento normal del organismo siendo que los habitantes de las zonas mas calientes en todos los países del mundo, pueden enfrentar mejor el aumento de la temperatura y lo inverso en las zonas frías.

LA CREACION

En el principio de la creación el medio ambiente era adecuado: se podía saborear el agua pura, cristalina, sin contaminación, los manantiales, los ríos, las cataratas sin residuos de plomo, ni relave de las minas, ni materias tóxicas, era agua realmente pura limpia, sin contaminación alguna.

En algunos países de América Latina todavía se puede ver esto en algunas regiones donde parece que el tiempo no pasó.

El aire

Una atmósfera compuesta por 78% de nitrógeno y 21% de Oxigeno, no existía el gas carbónico, ni el humo de las fabricas, ni los gases que destruyen la capa de ozono de la atmósfera ; todo estaba limpio para el desarrollo de la vida humana, la vida de las aves, de los animales de las plantas y en el mar la vida acuática de los millones de especies y variedades a plenitud.

La naturaleza completaba este cuadro como los pulmones del mundo, donde los árboles tenían la capacidad de absorber todas aquellas cosas que podían ser nocivas a ellas mismas, y el mar con agua limpia salada para proveer de peces y de lluvias a la tierra y así completar el ciclo de la producción a fin de que el el hombre siembre y tenga lo suficiente para vivir y comer.

En un medio ambiente así, las plantas desarrollaban a un 100 por ciento, sus frutos poseían todas las vitaminas nutritivas que el cuerpo humano requería para vivir con salud, fortaleza, y en longevidad.

No necesitaban tomar proteínas en una cápsula, ni tampoco vitaminas que le den energía al cuerpo para trabajar, una aspirina, o un seguro de salud, o ir al hospital para hacerse chequear cada semana, o ir a una consulta médica donde las palabras del galeno lo convencían que estaba gravemente enfermo o que necesitaba una cirugía de inmediato como suele suceder en algunos casos, no nada de eso, era gente completamente sana.

La Biblia nos habla que toda la generación y la descendencia de Adán hasta antes del diluvio universal, fue de larga vida.

Uno de ellos llamado Matusalén batió todos los récord de existencia, vivió hasta los 969 años.(Génesis 5:27) Se casaban a los 500 años (Génesis 5:32), pero otros también muy jóvenes, a los 65 años, (Génesis 5:21) el hombre fue creado para tener vida eterna con Dios.

Para esta primera generación de la humanidad todo esto fue una cosa normal.

Los días y los años demoraban en pasar y disfrutaban de cada atardecer o ver una puesta de sol, tal vez no tenían piscina, pero tenían un manantial o un arroyo de agua, donde todos se bañaban, no tenían TV a colores, pero toda la familia estaba allí y salían en las noches a las puertas de sus casa y allí los muchachos jugaban y los padres lo menos que podían hacer, era cantar, pero estaban juntos por una sencilla razón: todos los seres humanos son gregarios, están hechos para vivir en sociedad con seres iguales a el, juntos en comunicación continua, no fueron hechos para vivir aislados sino todo lo contrario, tienen los mismos afectos, emociones y sentimientos y forman pueblos, ciudades y países.

LA VISIÓN I

Pero como quiera que sea fue la primera generación hecha sobre un mundo perfecto bajo de una bóveda celeste con estrellas incrustadas en el firmamento llamado cielo.

La Longevidad

Hablar de 969 años de vida 500 o 365 se le tomaría como un leyenda, fantasía, o cuento pero en realidad este ciclo se puede volver a repetir si existieran las mismas condiciones ambientales del principio para la vida del hombre en la tierra.

Lo que quiere decir que existe la posibilidad humana de mantenerse siempre joven, fuerte y en completa salud como si el tiempo no pasará.

Depende mucho del medio ambiente, la alimentación, el estilo de vida para que la energía y fortaleza del cuerpo humano y su vigor no se acaben.

Todos estos factores juntos determinan el tiempo de vida de una persona, probablemente; no hay ningún elixir de la eterna juventud que tanto se busco en la edad media.

El organismo humano fue diseñado para respirar aire puro, no humo; para beber agua pura no contaminada, para alimentarse con los productos de la tierra, siempre lo mejor del trigo, la miel, la leche, siendo la leche materna la mas completa para la salud de un bebe e incluso se cree que determina el coeficiente intelectual de cada persona, siendo mas alto en los que son amamantados por la madre.(según investigaciones hechas en Brasil por un grupo de científicos, existe una relación entre el tiempo la lactancia y la inteligencia, siendo mas inteligentes, exitosos y prósperos aquellos que son amamantados mas tiempo por la madre).

La naturaleza es la encargada de proveer de frutas y el mar las diferentes especies marinas para el paladar.

Bajo estas condiciones entonces el ser humano puede vivir sin enfermedades, tener un cuerpo sano, una mente sana, en consecuencia la vida se prolonga.

Lo mas importante que ha descubierto la ciencia en el cuerpo humano es el A D N.

Son instrucciones que Alguien puso en su interior para que funcione perfectamente bien.

¿Qué es el ADN en una persona?

Es exactamente como un manual de instrucciones, de la misma manera que las cosas que se compran como carros, TV, o artefactos eléctricos todo eso viene con un manual de funcionamiento que lo puso el fabricante para cada usuario.

Así también el ADN de cada persona es ese manual de instrucciones que determina las características de una persona; desde el carácter hasta el aspecto físico.

Es también como un plano o mapa de una casa cuando es construida, luego el acabado, y después instalarse y vivir.

Allí están registrados todos los logros de una persona así como también todas las frustraciones.

Si estudio y se gradúo o no termino la carrera, si cometió un robo, o fraude, fue un criminal, o parricida o matricida, o un depredador, si se divorcio, si su matrimonio fue un desastre, si fue fiel o infiel a su esposa, si fue violento o pacifico si fue una persona amigable, servicial amable o todo lo contrario, si escucho siempre a sus padres y lo puso en practica o no obedeció sus consejos, no los respeto, no los considero o se avergonzó de ellos, fue sumiso, obediente o anduvo en oposición abierta contra ellos, o fue una persona soberbia llena de odio o de envidia contra su prójimo, o engañadora, o sádica, astuta, manipuladora, traidor, de doble cara, o dado a consultar con los hechiceros, o una persona mansa, humilde sencilla de buen corazón sin doblez alguna, en fin toda la parte buena, altruista, honorable o la parte mala, sin integridad, sin honor, falsa etc etc. todas estas características si no las renueva, pasaran indefectiblemente a su siguiente generación.

LA VISIÓN I

En la familia siempre habrá las mismas características predominantes.

Dicho de otra manera:
Desde las actitudes y palabras, las artes y los talentos, la codicia y la avaricia, los hechos censurables, los engaños y las traiciones, el amor al dinero y la dureza de corazón, el ser desleal con la esposa o con el esposo, el divorcio de los padres, en algunos casos la maldad de los padres sobre los hijos, el ser dado a consultar con hechiceros y brujos así como el anhelo sincero del Corazon de buscar a Dios; todas estas cosas si han tenido lugar en la vida de cualquier persona, quedan anotadas en el ADN para la propia descendencia.

La conducta y las actitudes como respeto, aprecio, amor, humildad, sencillez, sociabilidad, son transmitidas también como características al carácter de los hijos.

Si es un predicador, un hombre de paz, o un escritor dentro de la familia siempre habrá uno de ellos en la familia y todo aquello que esta en el A DN queda registrado en cada hijo.

Es como el proceso de producción de las plantas: todo lo que se siembra se cosecha, tanto en el plano físico como en el espiritual.

Todas estas cosas que la ciencia ha descubierto en el organismo humano, realmente son maravillas asombrosas, y nadie se explica como, a menos que alguien las haya puesto en la creación del hombre.

Tampoco se puede decir que fue algo circunstancial, que aparecieron estas instrucciones sólo de por si; "que fue un ave volando, dejo caer una hoja con instrucciones y el hombre las recogió y las comió sin saber que era el ADN y allí se quedo impresa en su ser para que funcione".

No, de ninguna manera, el hombre no es producto la fantasía de "Alicia en el país de las maravillas" no, sólo un Ser Supremo puede haber diseñado con sabiduría Alta e inteligencia al hombre poniendo en su interior el ADN y un espíritu para que viva.

En consecuencia, teniendo en cuenta estos datos científicos, nos podemos imaginar el carácter de aquellas personas que vivieron hasta los 969 años de edad, no eran como estatuas de mármol dando pasos torpes, sino personas normales, que vivían apreciando toda la creación de Dios.

Gozaban de buen humor, sabían reír, hablaban con los hijos, hacían planes con la esposa para salir adelante, tenían conocimiento de Dios y del mundo que les rodeaba, sabían alegrarse cuando había motivo para ello, amaban a la familia, trataban con respeto a los demás, compartían sus victorias tenían sueños y aspiraciones, eran sociables tenían amigos y vecinos, fueron personas como cualquier ser humano del tiempo actual

Cosas que desconocemos por completo, y no tenemos ni idea de lo que fue la vida al inicio de la creación, pero si cualquiera de estos personajes hablara el mismo idioma de un latino o un estadounidense o un francés o cualquier otro lenguaje; fácilmente se entablaría una conversación, como si se estuviera hablando con cualquier persona de la década del 2010.

Así de extraordinario fue hecho el hombre, que ni el tiempo puede romper su naturaleza ni su personalidad, "Yo hice la tierra, y cree sobre ella al hombre. Yo, mis manos, extendieron los cielos, y a todo su ejercito mande." (Is.45:12).El hombre es un diseño perfecto de la mano del Creador. Así fue hecho el hombre, un complejo organismo con defensas propias, con inteligencia y con el don de hablar; de reír, fue la única criatura que posee este don, después ni la serpiente, ni el loro, ni el caballo, tienen este don.

Y fue puesto como rey de la creación sobre la tierra y esto desato la ira de los otros seres espirituales que fueron creados antes que el y mucho después de la rebelión de Lucifer en los lugares celestiales.

Fue equipado con todo lo necesario para ser un vencedor en la lucha por la vida, la obra mas alta de ingeniería fue puesta en un medio ambiente perfecto para el desarrollo de la vida; y le fue dada

LA VISIÓN I

una compañera por mujer, para que sea su complemento, y ayuda idónea aquella que reúne las condiciones precisas para serlo que así como el, ella fue hecha también con mucha sabiduría.

¿Cómo esta compuesto el medio ambiente?

El medio ambiente esta compuesto por las estaciones del año, que son 4 y durante este ciclo todo se renueva, crece, y produce.

Tampoco fue producto de algo casual sino que tuvo un origen y un comienzo, para establecer un orden y poner leyes físicas y químicas para el funcionamiento de todo el proceso de la creación donde habita el hombre.

Nada apareció por pura casualidad, ni circunstancialmente porque la nada, nada puede engendrar a menos que haya un Arquitecto que antes haya elaborado los planos, o un ingeniero mecánico o de la rama pertinente que haya diseñado la construcción y el modelo de cada vehículo automotor.

De la misma forma como se fabrican los carros, no son producto de la evolución ni aparecieron de pura casualidad, sino que su fabricación requiere un complejo proceso y fases desde el inicio hasta el final, siguiendo las normas y las reglas de calidad de acuerdo a los diseños de los planos.

El carro no fue una cuadriga tirada por caballos de carrera, luego con el pasar de los años, las ruedas se convirtieron en llantas infladas con aire, y la cuadriga, se convirtió en un mercedes benz de los años 40, luego aparecieron los faros, después el timón y los asientos, luego los caballos se convirtieron en motores y apareció una llave para el conductor y el hombre subió y prendió el carro y fue así como aparecieron los carros.

¿Alguien en su sano juicio podría creer en esta teoría evolucionista de los carros? definitivamente no, pero quien sabe, puede haber algunos, ya que todo es factible en este mundo.

De tal manera que el hombre fue equipado en sus tres dimensiones: la anímica, la física y la emotiva, para que pueda ser un triunfador frente a un mundo que le iba a plantear grandes desafíos a su existencia.

El hombre también tiene un sistema de defensa congénito o adquirido contra las enfermedades, un sistema de defensa personal cuando su vida esta en peligro, un complejo organismo con inteligencia, el don de hablar, pensar, sufrir, reír y llorar, con emociones y sentimientos, voluntad propia, libre albedrío, el concepto de lo bueno y lo malo, y del motor que lo impulsara a salir adelante en cualquier circunstancia de la vida: la familia.

No es el hombre de hierro, con corazón de hierro y voluntad de hierro excepto en las películas de ciencia ficción, por lo tanto mortal en su aspecto humano y frágil en su humanidad.

La Tierra el hogar del hombre

Esta regida por leyes físicas inalterables que mantienen a este planeta en un ciclo constante de producción, y reproducción del ecosistema de las plantas y de los animales que permiten el desarrollo de la vida humana.

Todas las cosas que se van descubriendo se consideran tan sólo un mínimo porcentaje de lo que hay en este planeta basado en la exactitud y precisión de las leyes, que rigen este inmenso universo.

Los instrumentos de control funcionan perfectamente bien basados en la precisión de estas leyes, por ejemplo para trazar el itinerario de una nave rumbo a cualquier lugar del espacio, se tienen que tener en cuenta todos estos elementos, a fin de que no se pierda ni se desvié de la ruta trazada en el espacio hasta que pueda llegar a su ultima estación en el cosmos, empezando desde el día, hora, segundos, hasta el momento exacto en que debe despegar..lo mismo pasa con el tablero de control de los aviones de pasajeros, los barcos, sólo es posible hacer estas mediciones, hazañas, viajes y experimentos por la exactitud de estas leyes.

LA VISIÓN I

La tierra no apareció sola, fue hecha por Dios. "No has sabido, no has oído que el Dios eterno es Jehová, el cual creo los confines de la tierra" (Is.40:28).

Todo este complejo sistema de alta ingeniería trazada para establecer una vida permanente sobre la tierra sin ninguna alteración fue hecha para que exista la vida en todas sus manifestaciones.

Siendo que las estaciones del año y el medio ambiente están unidos, como causa y efecto por este proceso natural, de tal manera que, si por fallas humanas es interrumpido entonces se altera el ciclo de producción normal de la tierra.

La Luna y las Mareas

Es un satélite de la tierra y gira alrededor de ella y cumple una función: la de mantener en movimiento las aguas del mar a través de sus fases, produciendo mareas altas y mareas bajas.

Una de las tareas mas importantes para la conservación de las especies y la conservación de la vida acuática así como como para la vida humana.

De lo contrario las aguas del mar serian aguas estancadas y un gran problema para todos los seres vivos de la tierra, pero gracias al trabajo que hace la luna, están en constante movimiento.

El Sol coopera también con la luna, pero produce menos que ella, así que tiene una razón por la cual esta puesta alrededor de la tierra, no dos ni tres ni cuatro, sólo una fue suficiente.

Alguien realmente Grande, tuvo que pensar en todo esto antes de su creación y lo hizo con sabiduría.

¿Cuál es su importancia?

Siendo que ambas mareas, la alta y la baja se alternan en un ciclo continuo de movimiento, esto hace posible que la vida en el mar se multiplique y se mantenga el ecosistema como una despensa también para la subsistencia humana y la fauna.

Todo esto obedece a un plan hecho por el Arquitecto de este inmenso universo y de la tierra, antes de su creación.

El agua cubre mas del 70% de la Tierra

De otro modo la vida no seria posible.

Esta cantidad de agua en los océanos, los ríos los lagos los pantanos, permiten el funcionamiento de la flora y la fauna y el ciclo repetitivo de las estaciones del año, siendo los glaciales y las cordilleras, las que alimentan el caudal de los ríos, y proveen este liquido elemento para la agricultura y el consumo humano.

En esta década del 2010, los países que dependen de los agentes naturales para su supervivencia, deberían dedicar seriamente la mayor parte de fondos para la investigación e instalación de plantas de tratamiento de agua, para estar preparados, en caso de que este liquido elemento empiece a escasear, y evitar cualquier eventual crisis de gran magnitud, si se diera el caso.

El primer paso es contactarse con países que están trabajando en este tipo de proyectos.

El consumo de agua debido al aumento de la población mundial, a la corta o a la larga va a ser un gran problema para cualquier país del mundo.

Entre tanto no se a llegado a ese peligroso extremo, los Ministros del medio ambiente deberían tomar medidas para precaver en un futuro próximo cualquiera de estas eventualidades de graves consecuencias.

Por lo tanto deberían poner manos a la obra porque no queda mucho tiempo, y dedicar todos sus esfuerzos a construcciones de plantas de agua y establecer una relación comercial para llevar a cabo estudios de factibilidad de mutua cooperación, y estarían invirtiendo en una gran empresa que los va a salvar de la sed cuando esto pueda llegar a suceder, clasificando esta necesidad como de prioridad A-1.

Serian países con visión hacia un futuro cercano, con sentido común y gran capacidad de prevenir antes que llegue una sequía, o los problemas con el agua y se tenga que racionar el suministro con todas las dificultades económicos y sociales que ello implica.

Ese trabajo seria lo mejor que pueden hacer los ministros del medio ambiente de cualquier país del mundo, y los gobiernos en vez de pensar en gastar dinero en la compra de armamento para ver como pueden atacar al país vecino, es mejor invertir en la construcción e instalación de plantas de reciclaje de agua salada o de cualquier otro tipo, para transformarlas en potables y trabajar unidos teniendo en cuenta de que la sed puede matar a mas gente sin disparar un solo tiro, y si lo llegan a hacer se pueden convertir en grandes exportadores de este liquido elemento a todo el mundo a corto plazo y recibir el agradecimiento de las siguientes generaciones.

El Centro de la Tierra

Los últimos datos científicos sobre el núcleo de la tierra indican que puede ser tan caliente como el sol.

Se estima que la temperatura en el centro es de seis mil grados centígrados, un millar mas de lo que se creía hace dos0 años atrás. Es decir una masa gigante de hierro solido rodeada por un mar de hierro liquido, así como un "lago de fuego" (ERSF)

Si empezamos a observar la creación descubrimos sólo cosas asombrosas.

Desde el interior de la tierra hasta el exterior y la atmósfera.

En todo vemos leyes, orden, propósito una razón, del porque están allí, y la función que cumplen.

Realmente fue adaptada para ser el hogar del hombre.

Desde que Adán y Eva empezaron con este capitulo que hoy la humanidad lo continua.

"Porque así dijo Jehová, que creo los cielos; Él es Dios, el que formo la tierra, el que la hizo y la compuso; no la creo en vano, para que fuese habitada la creo…" (Isaías 45:18).

No obstante, el tiempo y las generaciones pasaron, las décadas fueron marcando los años cada una de ellas, dejando impresas las características que prevalecieron, la ciencia, la tecnología y la industrialización se aumentaron y trajeron un cambio también, aunque el hombre sigue siendo el mismo, en su aspecto emotivo, anímico y físico el medio ambiente que es el hogar del hombre; es otro, completamente diferente.

El Calentamiento de la Tierra
Uno de los grandes problemas que el mundo hoy afronta, y que nunca imagino que podía suceder es el calentamiento de la tierra.

Es un fenómeno ambiental, originado por todas las actividades industriales afectando directamente al clima, la agricultura, la flora y la fauna y consecuentemente la vida sobre este planeta.

Es tan marcado su efecto que produce desequilibrios en las estaciones del año; llevándola a extremos, en el proceso de producción.

¿Cómo se produce el cambio climático?

El medio ambiente donde vive el hombre, que es la tierra, es afectado directamente por el aumento de la temperatura, debido básicamente a la industrialización, la tecnología y el monóxido de carbono que despiden los motores a combustión.

Es la mezcla de estos gases, nocivos para la salud, que hace una nube tóxica conocida como "smog" que sube a la atmósfera que rodea la tierra.

LA VISIÓN I

Si juntamos el humo de las chimeneas de todas las fabricas, el gas carbónico que despiden los miles de millones de vehículos motorizados que circulan en la tierra, el derramamiento de millones de barriles de petróleo en el mar de vez en cuando, las bolsas desechables de plásticos que botan al mar, el relave de la explotación de los minerales en los ríos, la deforestación en grandes áreas verdes de la Amazonia, Europa, y otros continentes, el smog de las grandes ciudades como las que hay en China, es una nube inmensa de monóxido de carbono que diariamente sube a la atmósfera; todo esto produce los efectos nocivos para el desarrollo de la vida en todas sus manifestaciones en la tierra, a esta mezcla de gases contaminantes se le llama "cambio climático".

En algunas ciudad grandes la confunden con neblina natural, y la gente se alegra porque cree que allí todo esta bien pero, se trata de algo muy diferente, es el "smog extremo", producto del humo que anula la visibilidad a corta distancias.

Realmente es muy alarmante la condición climatológica en ciertas ciudades del mundo, a la que la gente mira indiferente, como si no supieran lo que esos extremos ambientales significan para la salud de cualquier persona. Allí es imposible llegar a tener larga vida.

¿Y la gente se pregunta qué esta pasando?

¡El clima esta loco!

No, es la consecuencia que ha traído la industrialización, la tecnología, la explotación de las materias primas y muchas otras cosas similares trayendo como resultado el aumento de las emisiones del monóxido de carbono en la atmósfera que rodea la tierra y la contaminación del aire es casi instantánea.

Aunque los científicos de la Administración Nacional de Océanos y Atmósfera de Estados Unidos (NOA) ya lo habían pronosticado antes del 2013.

"Hoy nada puede parar el proceso de industrialización ni producción y en vez de disminuir las emisiones del CO_2 mas bien aumentan y se acumulan en la atmósfera donde están fuera del alcance humano."

" una vez emitido, el CO2 permanece durante miles de años atrapado en la atmósfera, por ello los cambios climatológicos dependen principalmente de las emisiones acumulativas y hacen cada vez mas difícil evitar futuros cambios".

Los científicos nos hablan en términos específicos y precisos para darnos a entender que:" la contaminación ambiental es tanta que ya se constituye en un serio peligro de alto riesgo para la salud, la agricultura, la fauna y la vida sobre la tierra, por los desajustes que esto pueden causar a los ciclos repetitivos de las estaciones del año."

¿Cuál es el mensaje para la humanidad?

El Cambio climático es una cruda y dramática realidad no lo invento nadie y produce un efecto en todo el ecosistema natural donde vive el hombre.

Como una cadena los eslabones están unidos y uno tira del otro, así es también el aumento de la temperatura, afecta todo.

Ademas también han alertado sobre el" deshielo de los glaciales del Artico y la Antártida a ritmo acelerado y si se suma a esto Groenlandia, la situación se vuelve peor todavía, porque corre el riesgo de desaparecer al final de la década del 2010 si continua el deshielo a este ritmo acelerado. "

Y el equipo de aire acondicionado de la tierra quedaría roto, los ecologistas han llamado a esto "una situación de emergencia planetaria de consecuencias irreparables".

Y es cierto, es el único aparato que no se podría arreglar y la tierra se quedaría sin aire acondicionado y tendría que soportar olas de calor y de frío extremas, a las que nunca estuvo acostumbrado ni tampoco podrá adaptarse a ellas, la advertencia fue lanzada por

LA VISIÓN I

el grupo ecologista Greenpeace debido a los últimos cambios "dramáticos" en los polos, el Artico y la Antártida.

Se presentaron también análisis e imágenes captadas por satélite que evidencian como la extensión de los glaciares del ártico han disminuido un" 13% desde 1979 a 2012, lo que supone mas de 4 millones de kilómetros de extensión."

Intervinieron media docena de expertos en esta reunión y manifestaron que "la Comunidad Internacional esta ante una situación de "emergencia planetaria" que requiere " concientizar a de toda la población" y también de los dirigentes políticos antes de que absolutamente perdamos el control."

En este sentido recordó el "origen humano" causante del cambio climático y como consecuencia el Artico." (OMM).Estos son algunos comentarios de expertos en la materia, científicos y organizaciones que trabajan en el estudio de estos fenómenos climatológicos,

Realmente a corto plazo se presentan grandes desafíos para la humanidad.

Uno de ellos de gran magnitud y de graves consecuencias es el deshielo de los glaciales.

Es algo que no se puede parar.

El Ártico, la Antártida, o Groenlandia de igual manera la cordillera de los andes en América del Sur, algunas de las cuales se ven desnudas de las capas de hielo, y en algunos lugares que fueron antes, atracciones turísticas, hoy en día sólo se ven manchas negras que son las rocas llenas de tierra.

El ingenio de los propios pobladores ha hecho que las pinten de blanco, para que parezca que todavía encuentran nieve allí, de las cuales quedan sólo el recuerdo o las fotos de lo que un día fue, pero que nunca mas volverá a ser.

Un experto de la (OMM) dijo:"que no hay forma de detener el deshielo glacial" y que ambos se deben al calentamiento de la tierra; están "conectados ".

"Cuanto mas hielo se derrite, mas calor hay en la atmósfera".

También añadió que "la capa de hielo del Artico podría ser un fenómeno de temporada en los meses de agosto y setiembre alcanzando cantidades mínimas de hielo lo que podía conducir a a más fenómenos extremos: olas de frío mas intensas en el invierno y olas de calor mas intensas en el verano".

Esta esta afirmación científica ya es una realidad, vemos alteración del clima en lugares donde nunca hubo fenómenos meteorológicos.

Olas de calor en países sudamericanos, donde nunca antes las hubo.

En Norteamérica, lluvias y tormentas invernales en pleno verano y en otras partes tornados y lluvias constantes al finalizar la temporada.

La estación invernal se caracteriza por grandes cantidades de nieve casi permanente sobre las ciudades del norte.

La agricultura es otro gran problema para los países del mundo. Es una de las fuentes de alimentación mas afectadas.

Y no sólo en América del Norte sino también en Sudamérica donde esta la cordillera de los Andes.

El pronostico de los expertos de la ONU es que desaparecerá al finalizar la década del 2010, y esto no es ningún pronostico alentador sino de serias consecuencias para una década que esta apenas a pocos años de finalizar.

Y esto significa que la industrialización, la tecnología el desarrollo y el progreso tienen un costo bien alto para la población mundial, sin tener en cuenta otros factores similares.

LA VISIÓN I

Hasta el momento no se siente con fuerza los efectos de este fenómeno sobre este mundo, pero en casi todos los continentes que antes podían pronosticar los ciclos de invierno y verano, y las temporadas de lluvias, así como la llegada de tornados y huracanes, hoy se encuentran confundidos por la irregularidad de las estaciones del año, donde las estaciones de invierno o de verano se alargan y las olas de calor extremo en las ciudades, o de frío, y tornados fuera del tiempo arrasan todo a su paso al aparecer inesperadamente.

Es importante saber también, que clase de trabajo en el organigrama del mundo hacen los glaciales.

No sólo proveen el agua y mantienen el equilibrio para la flora y la fauna sino que entre las mas importantes están," el reflejar la luz solar que sube a la atmósfera, actúan como espejos, las capas de hielo del Ártico y la Antártida."

"Esas capas de hielo, reflejan la luz solar que sube a la atmósfera."

" De modo que los rayos solares rebotan y vuelven al espacio, evitando que todo el calor se quede abajo, pero al disminuir estos espejos que forman estas capas de hielo no hay nada que impida que el sol caliente con toda su fuerza, las aguas del mar y por consiguiente la temperatura suba inevitablemente en todo el planeta, incluso calentando también el aire. "

En consecuencia si se rompen los espejos de los glaciales de hielo de la Antártida y el Ártico no hay nada que impida que los poderosos rayos solares calienten las aguas del mar y como efecto natural, la tierra.

Y el cuerpo humano esta diseñado para soportar sólo hasta ciertos grados de temperaturas, sea de frío o de calor, pasados los cuales, colapsa.

Y la idea de "adaptarse" a los cambios climáticos, es como hacer una comparación entre un hombre que viva en un garaje, sin ningún tipo de ventilación a una temperatura superior a los 40 grados de calor, ¿podrá soportar? o los animales y las aves y los peces de agua helada ¿podrán adaptarse?

No es posible, porque cada naturaleza es distinta, y cada una de ellas, sea humana, animal o vegetal fue diseñada para vivir en un nivel de temperatura ambiental de acuerdo a las necesidades de su cuerpo.

Nadie podría vivir en una casa sin aire acondicionado a una temperatura de 80 o 90 grados F. o 40 a 45 grados C.

El cuerpo humano necesita dormir, y descansar para recuperar sus fuerzas naturales y así seguir con el ritmo de vida normal y ante olas extremas de calor necesita que el cuerpo se enfríe para seguir viviendo de lo contrario caduca.

¿Qué pasa con las especies marinas si el hielo se derrite?

Un gran problema. Porque todas las especies están adaptadas para vivir bajo agua helada.

En consecuencia los habitantes de normalmente bajas temperaturas se ven mortalmente afectados, y en peligro de extinción masiva.

Y esto de por si ya representa un gran problema.

La Fauna

La fauna marina, la fauna terrestre, las aves y la vida humana son tipos de vida diferentes, pero coinciden, en que ninguno de estos tipos de vida, son susceptible de adaptarse a un progresivo cambio climático.

Así que esa opción propuesta como una posible alternativa es sencillamente impracticable, porque pone en riesgo la vida o la extinción de ella, no es una una solución, sino mas bien el hecho de admitir el irreparable efecto del cambio climático.

LA VISIÓN I

Poco antes, de que se den a conocer los efectos del cambio climático, nadie se podía explicar, la razón del porque aparecían varadas en las playas, muertes masivas de pelicanos, delfines, ballenas y otras especies marinas, pero ahora una causa que puede explicarlo todo, es el aumento de la temperatura en el mar, por el deshielo inevitable de los glaciales.

Y esa "simple" variación de tan sólo un poco menos de un grado de calor en las aguas, es infortunadamente mortal para el medio ambiente de algunas especies marinas.

Su organismo no esta adaptado para soportar mas calor del que tiene su medio ambiente para vivir.

Es el mismo problema humano, cuando los termómetros marcan 40 grados Celsius, u 80, 99, grados F. Sin aire acondicionado el calor puede convertirse en un asesino.

Antes de darle importancia al problema del cambio climático, no había una explicación lógica, pero ahora el enigma se resolvió por los estudios hechos por los científicos y expertos en la materia, las condiciones oceanográficas y atmosféricas ya no son las misma de la década del 60, por lo tanto estos fenómenos van a ir ocurriendo con mas frecuencia, de manera que será necesario protegerse de alguna manera.

El gran problema
El aumento de temperatura en el mundo será inevitable.

Hoy en día, esta década enfrenta uno de los retos mas importantes para la supervivencia humana en el planeta tierra.

Lo que quiere decir que la vida ya no será la misma de hace 4 décadas atrás, y que la tierra en que vivimos tampoco es el mismo hogar del hombre donde nació, vivió, creció y murió, sino algo similar, a lo que fue, y el futuro para la humanidad es dolorosamente incierto.

Ante esta magra perspectiva hay dos alternativas: la primera esta demostrada que es impracticable: la de tratar de adaptarse a los cambios.

Y la segunda: es parar el avance del cambio climático.

La primera alternativa es de doble filo, en el sentido de que aceptarla significa que, el deshielo de los glaciales y la cordillera continua su curso y la temperatura del mar sigue aumentando. Y eso no beneficia a nadie sino que es precisamente el problema que se quiere solucionar.

Por lo tanto la única alternativa factible es tratar de parar el cambio climático, lo cual es casi imposible. Una tarea casi irrealizable.

Pretender adaptarse incrementaría los riesgos del cambio climático en el sentido de que se podría llegar a una situación incontrolable.

En el hipotético caso de que las cordilleras de los Andes para el final de la década del 2010 desaparezcan, traerían como consecuencia la carencia de agua potable en esas regiones y la disminución del caudal de los ríos para la agricultura, excepto en temporadas de lluvias y por lo tanto, la producción de alimentos disminuirá drásticamente y se presentaría entonces el problema de la sequía, a esto, el encarecimiento de los precios y porque no decirlo, también la hambruna en las masas mas pobres del mundo, ningún país se salvaría de estos flagelos.

Y ni que hablar de las olas de calor mortales y las olas de frío inevitable donde los mas vulnerables son los niños los ancianos y los que padecen de enfermedades crónicas cardiovasculares o respiratorias, si a esto mencionamos lluvias fuera de temporada, crecida del caudal de los ríos, inundaciones, aluviones es como si la tierra se estuviera convirtiendo en un caos donde no hay orden ni seguridad sino todo lo contrario; ¿cómo sobrevivir a todas estas calamidades?

LA VISIÓN I

La actividad volcánica también se sumaria a estas alteraciones climatológicas que hoy son frecuentes en diferentes lugares, entre otras cosas nada buenas, pero en estos tipos de fenómenos naturales hay una serie de variables complejas y numerosas según los estudios científicos, que ningún pronostico es la ultima palabra.

El deshielo de los Glaciales debido al aumento de la temperatura en forma progresiva cada año, afecta los niveles de agua del mar, acrecentando mas y amenazando con inundar y tapar muchas poblaciones costeras y formas de vida.

¿Hasta qué punto?

Es uno de los temas complejos, lo que si se sabe, es que puede ser a corto plazo, y que el nivel del mar se eleve mucho más de lo que se espera amenazando ciudades que se levantan junto al mar que pueden quedar sumergidas bajo el agua

Organización Humanitaria DARA

Su informe con respecto a los efectos de este, sobre la salud es realmente patético.

Dijo que: "5 millones de muertes ocurren cada año debido al aire contaminado, a la hambruna y otras enfermedades y las economías que emiten dióxido de carbono con intensidad, si continúan los actuales patrones de consumo de combustibles fósiles, aumentaran a 7 millones dentro de dos décadas (2030) y añadió que mas de un 30% de esas muertes ocurrirán en países en desarrollo, que calculo el impacto humano y económico en las dos siguientes décadas 2010-2030."

América del Sur

Los glaciales de los andes probablemente desaparecerán al finalizar la presente década, comentan los científicos, si eso ocurriera con toda probabilidad afectaría directamente a los ríos, la agricultura y la alimentación de la población,debido a la escasez de agua.

En consecuencia al bajar la producción de artículos alimenticios estos países entrarían en crisis.

Y sería un gran problema que traería mucha tribulación, los ecologistas advierten que se deben tomar medidas inmediatas para impedir que dentro de una década (2020) la temperatura del mar aumente dos grados de lo contrario las condiciones de vida humana, cambiarán y "no para bien".

Los informes de científicos ven con preocupación lo que está sucediendo en la tierra, (el hogar del hombre) y dan la voz de alerta a la humanidad para corregir el rumbo, antes de que sea demasiado tarde.

El hombre necesita del aire, para vivir, de la luz solar, de la vegetación, del agua, mientras estos elementos están en la tierra no se les echa de menos, pero cuando cualquiera de ellos se ve afectado entonces, recién se da cuenta de su gran valor, ¿para qué esperar hasta ese momento para corregir el rumbo?

Pero nos preguntamos y si la temperatura sube más de dos grados, o el nivel del mar sube más de lo previsto en el tiempo calculado, ¿cuál será la situación de la vida humana?

Nadie quiere pensar en las consecuencias universales que tendrá el calentamiento del Globo Terráqueo para el hombre, el medio ambiente de la vida humana, ¿pero será que la industrialización, el desarrollo, el prepararse para la guerra, el utilizar la fuerza de la naturaleza como la descomposición de los átomos para fabricar bombas letales como la atómica para destrucción masiva de seres humanos, se han hecho sin medir las consecuencias climatológicas al punto que se ha llegado tan lejos que es casi imposible dar marcha atrás?

Una de las grandes consecuencias es el aire contaminado en las capitales del mundo y también en las ciudades con yacimientos mineros, se supone que el hombre puesto en la tierra, es para cuidar su medio ambiente, pero la gestión que ha hecho es todo lo contrario, irresponsablemente la ha dañado sin querer, tan sólo por falta de conocimiento.

Todavía hay tiempo quizás casi nada pero se puede intentar para concientizar a la población, establecer en los sistemas educativos cursos acerca del medio ambiente a fin de preparar desde los niveles básicos hasta el final del colegio a todos los estudiantes.

Otro Gran Problema: La Deforestación

Debido al aumento de la población mundial este problema a ido aumentando, cada vez la tala de arboles es mayor en los países considerados industrializados que en aquellos de economía emergente.

Una, por razones de vivienda y otra para crianza y alimentación de ganado que hagan posible la producción de todo tipo de productos de consumo popular, pero el hecho de quitar los pulmones del mundo a la tierra sólo da origen a problemas mas graves para la sociedad.

La Fauna se esta extinguiendo poco a poco

Al hacer desaparecer los bosques que es el medio ambiente donde viven los animales silvestres, y la vida de los organismos reproducidos por medio de las plantas y los arboles, así como los micro organismos que se originan por la fusión de todos estos elementos, lo único que produce es acelerar mas rápido el cambio climático.

Todo este conjunto conocido como "los bosques" cumple una función, es la de neutralizar los millones de toneladas de dióxido de carbono, que suben a la atmósfera, de lo contrario, si no son absorbidos, se quedan en la atmósfera y todos los seres vivientes que respiran, son parte de la contaminación ambiental, probablemente de una manera imperceptible.

Es una función sumamente importante para la salud y la conservación de la vida.

Y la razón por la que ellos están aquí, es que trabajan purificando el aire, pero si a estos "trabajadores a tiempo completo ad honoren "se les saca de en medio, definitivamente quienes van a sufrir las consecuencias son todos los seres vivientes del planeta tierra.

Realmente son fascinantes los datos científicos con respecto a la creación y al leerlos nos dan una idea de que la tierra fue hecha con sabiduría, cada faceta que se descubre es emocionante, y se puede comprender mas fácilmente lo que significa y lo que es cambio climático.

Otro dato científico que nos arroja la ciencia al respecto, es que:

"La calidad y composición del suelo están estrechamente vinculados al clima a través del carbono, el nitrógeno y los ciclos hidrológicos y; cualquier cambio que suceda en el medio ambiente, puede romper ese standard o delicado equilibrio."

Y es algo a lo que no se le presta mucha atención, pero bastante preocupante para los analistas científicos:

"El impacto sobre la calidad del suelo y del agua, es algo no contemplado hasta hoy, pero la alimentación del ser humano depende de la tierra y el 40% de las medicinas tienen su origen en el suelo."

"Eso significa que si las temperaturas aumentan en los rangos previstos o descienden en las temporadas invernales, afectara también, las propiedades y la composición del suelo, afectando también a corto plazo, tres grandes bloques: La alimentación, la calidad del aire y como consecuencia, la salud y pueden volverse males endémicos".

Si miramos fríamente todos estos datos, vemos que no son exagerados ni tampoco inventados sino que son realmente "preocupantes" por la sencilla razón de que el medio ambiente del hombre esta seriamente amenazado, por las grandes cantidades de emisiones de dióxido de carbono, y gases contaminantes, y no hay como parar este ciclo de desequilibrio ecológico.

Una Muestra de este gran problema fue la consecuencia de la crisis económica del 2008 en Grecia, en 2012 recurrieron a la quema de leña en sus chimeneas para no pagar el gasto de la energía eléctrica, pero resulto tan malo que los niveles de contaminación, se triplicaron afectando seriamente la salud.

Algo parecido ocurrió en China debido al consumo de carbon usado como una fuente de energía, que unido a los millones de automóviles que a diario recorren la ciudad, mas la actividad industrial contaminan el aire al punto que en alguna ciudades viven bajo una neblina cargada con partículas nocivas haciendo nula la visibilidad en algunos casos.

En la ciudad de Lima, capital peruana en los meses de verano han llegado a experimentar radiación solar extrema de 14 y 15 grados consideradas de alta peligrosidad por la radiación ultravioleta tipo B esparciendo espectros cancerígenos entre la población, las autoridades hicieron recomendaciones pertinentes a la población. (Los diarios mas conocidos de esta ciudad, como "El Comercio" alertaron a la población).

¿Estamos ante la última jugada de ajedrez?

¿Están indisolublemente unidos el uno al otro, como en un matrimonio entre un hombre y una mujer, la industrialización y el cambio climático? ¿qué dilema plantea esta dupla inseparable?

Si se para la industrialización para salvar al planeta, la economía entra en recesión; y el sistema actual dirigido por el hombre, colapsa.

Sólo hay dos opciones, no tenemos ninguna otra.

Numero 1: Si se sigue adelante con el actual modelo económico que conocemos, para la supervivencia del ser humano, damos luz verde a la industrialización y luz roja al cambio climático.

Numero 2: Si se para la industrialización para frenar el calentamiento de la tierra damos luz verde al cambio climático y luz roja a todo lo que tenga que ver con la industrialización.

¿Resultado?

La economía se paraliza, y el mundo puede entrar a una segunda y temida recesión.

¿Cuál de las dos es la mejor para la vida humana?

O se enfrenta el mundo a un problema climatológico de funestas consecuencias o se enfrenta a un colapso de la economía, teniendo en cuenta que ambas son importantes

El primer caso representa a la tierra y los millones de habitantes, animales, plantas, alimentación, agua y agricultura serán indefectiblemente afectados, y los pronósticos científicos definitivamente se cumplirán con todas las variables que hay de por medio.

Y en el segundo caso tampoco es nada prometedor, su llegada seria como el efecto de un sunami sobre la economía mundial.

Ante esta encrucijada, ¿qué hacemos?

¿Cuál es la decisión que tomaría en este caso el presidente de la primera potencia mundial, a quién de los dos salvaría: la tierra o la economía?

Pero mientras se piensa que es lo mas conveniente para salvar al mundo y se toma la decisión, el tiempo transcurre y en el ultimo informe de la ONU sobre el cambio climático en el año 2014, dijeron:" Las capas polares se están derritiendo, el hielo de los mares del Artico están colapsando, el suministro de agua esta bajo presión, se intensifican las olas de calor y las lluvias torrenciales, los arrecifes de coral están muriendo y los peces y muchos otros animales están migrando hacia los polos o en algunos casos se extinguen.

El cambio climático ya tiene efectos arrolladores en cada continente y a través de los océanos del mundo, el problema sigue creciendo, y algunos científicos dijeron que" lo peor aun esta por venir".

LA VISIÓN I

Aunque algunos sectores lo consideran "alarmista y apocalíptico," infortunadamente es una cruda realidad difícil de admitir, pero están alertando sobre el problema que el mundo tiene encima.

Y en este caso, lo mejor es decir las cosas como son, para no crear falsas expectativas o hacerse ilusiones que la tierra volverá a ser como el primer día de la creación; sin que eso signifique que las cosas no puedan cambiar, teniendo en cuenta el tema tan complejo que es hablar sobre cambio climático; caben todas las posibilidades y todas las variables.

El informe enfatizo que el suministro de alimentos en el mundo, "está en considerable riesgo, una amenaza que podría traer serias consecuencias para los países más pobres."

Así como también aseguro el IPCC que es probable que nuestra salud, nuestras casas, nuestros alimentos y nuestra seguridad, se vean amenazadas por temperaturas cada vez más altas.

Sin embargo también añadió que "aún podemos adaptarnos a muchas de las transformaciones en el peor de los casos."

Muchos de los científicos no están de acuerdo con este informe lo consideran "catastrófico" muy negativo, pero el dramatismo se ve a lo lejos como la silueta de un tornado que amenaza una población, y no hay ninguna forma en que un ser humano pueda adaptarse a un tornado, mientras haya un espacio para huir y ponerse a salvo, lo puede hacer pero, si se demora mas de lo necesario no vivirá para contarlo, lo mas sabio es prestar oído a este informe y actuar, ahora que hay todavía tiempo, mañana puede ser demasiado tarde, lo que quiere decir que los ricos productos de la tierra pueden comenzar a escasear.

Al disminuir la oferta sube la demanda y consecuentemente los precios y se tendría enfrente otro gran problema social debido tan solo a una producción muy reducida, de la misma forma que afecta una sequía sobre los campos de agricultura.

Aquí ya no hay otro chance, estamos ante un dilema mortal: el sistema económico, tampoco se puede parar, debido a toda la debacle que causaría por lo tanto, si seguimos adelante con el actual sistema económico de convivencia mundial, tarde o temprano afectara el clima, como lo han venido diciendo los expertos.

De la misma manera la ecología, la agricultura, el agua el aire y todos los elementos de la naturaleza.

Eso significa que poco a poco el planeta tierra ira muriendo y las zonas calientes y desérticas irán creciendo.

Es como si se estuviera perdiendo el control de esta situación universal.

La buena noticia

¿Hay entonces posibilidades de salvar la tierra? Desde el punto de vista humano, tal vez es casi imposible, y se puede romper la cabeza como hacer para no matar la tierra y no afectar la economía, sin encontrar una solución al problema.

Pero afortunadamente para la raza humana no es el hombre quien tiene en sus manos el control, porque si así fuera, tal vez el hogar del hombre se convertiría en inhabitable mas pronto de lo que se cree.

Quien tiene el control es Dios.

El tiene el control no solo de la tierra sino de todo este vasto universo y todavía no ha llegado la hora ni el día en que esta tierra sea movida de su órbita para siempre y sea reemplazada por otra nueva, eso esta en los planes del creador, para bien y no para mal. (Is.13:13).

Alternativas sobre la mesa

Las del hombre son muy fantásticas, como la de enviar a una pareja en una nave ínter espacial a otro planeta y así salvar de la total extinción al ser humano.

Una posibilidad muy remota, ya que como lo han dicho algunos científicos que nuestra tecnología todavía no ha llegado a ese nivel.

Nuevos cielos y nueva tierra

Lo que necesitamos es una nueva tierra y cielos nuevos para vivir.

Eso es enfocarse en el problema actual, el ser humano no se extinguirá por el cambio climático, sino que fue creado con un propósito, para adorar a Dios en espíritu y en verdad y para poblar la tierra y tener parte en la familia de Dios y sus planes futuros que están en el cumplimiento de los tiempos.

Hoy en día el mundo necesita una tierra libre de contaminación ambiental, que produzca frutos en abundancia, agua pura, donde no haya hambruna se destierre la violencia, las injusticias, el crimen, y donde haya paz y una nueva creación.

Y esto parecería algo muy lejano al destino humano, no esta en la mente, ni en los planes del hombre, tampoco sabría como hacerlo, hasta ese nivel no ha llegado todavía, pero el mundo necesita ser renovado, cambiado, transformado también.

La tercera alternativa

Definitivamente el cambio climático, es una tarea que solo Dios puede hacerlo. Aquí no hay ningún lugar a dudas. Se necesita un Redentor, que pueda gobernar la tierra.

Y desde el punto de vista natural no hay nadie mas capaz de realizar este trabajo que el Hijo de Dios, El que puso las leyes sobre este universo es el Unico que puede componer esta tierra. Es lo real.

El hombre puede solucionar muchos problemas que están a su alcance, pero no esta capacitado para cambiar la atmósfera terrestre, ni sacar los gases contaminantes que la rodean, ni tampoco volver a resucitar los glaciales y las cordilleras andinas, llenándolas de nieve; a menos que las pinten de blanco para dar esa impresión. Y por lo menos se tendrá esa ilusión.

Pero al dar lugar al cambio climático tiene un doble efecto sobre los recursos naturales que pueden ayudar a bajar la concentración de monóxido de carbono en la atmósfera, no de un día para otro sino que es un proceso, como cualquier otro que toma su tiempo para llegar a hacerlo. Lo que quiere decir de ciclos de tiempo sin fin.

¿Será esto posible?

La superficie del planeta Marte es un desierto congelado, sin indicios de agua y dañada por la radiación. ¿Establecer una colonia humana en un lugar así con una atmósfera diferente? Descartado. A menos que pongan una cobertura de vidrio irrompible sobre un determinado campo para respirar el aire y construir una ciudad, pero eso es irreal.

¿Será factible crear un planeta nuevo para que viva el hombre, como en el principio de la creación?

Eso no es posible, a menos que Dios lo haga, y todo parece indicar que ese nuevo planeta ya esta creado y listo para ser habitado y eso de por si crea una nueva y mejor expectativa para las personas que no tienen ninguna respuesta y quisieran saber que va a pasar en un futuro a corto plazo, que para el 2018 según un informe de la Universidad de la ONU se prevé 7,400 millones de habitantes de personas sobre el planeta.

La respuesta es: Sí, sí es posible.

La tarea es de Dios, no es humana, pero es el deseo de todos, al menos de casi todos los seres humanos.

Si eso es así, esa tierra ya debe estar creada y lista para ser habitada.

La Biblia habla claramente sobre este punto y tiene sentido, porque nadie mas que un Dios Todopoderoso puede hacerlo: "Porque he aquí que yo creare nuevos cielos y nueva tierra; y de lo primero no habrá memoria. ni mas vendrá al pensamiento" (Isaías 65:17).

Las dos ofertas

La primera es depositar su confianza en el hombre y la segunda es en Dios, la primera dice: "podemos construir una nave espacial basados en los conocimientos científicos que sea capaz de viajar a la velocidad de la luz sin ser dañada por el bombardeo de los meteoritos mientras dure el viaje de 20 a 36 años trasladando a los seres humanos a otra galaxia buscando un planeta similar a la tierra que pueda ser habitado."

El único problema es no saber si lo podemos encontrar. Segundo: el tiempo de duración del viaje esta lejos de la capacidad de resistencia humana y tercero: la seguridad de llegar a encontrarlo no está garantizada. "Es un gran riesgo" porque puede ser también "un viaje sin retorno".

La segunda es de Dios el Creador de todas las cosas y de los seres vivientes.

Mucho antes de crear al hombre, creo también los ángeles que son un rango más alto que el humano y son seres reales que viven en la presencia de Dios en distintos niveles y jerarquías en potencia, y se cuentan por miles de millares.

Ellos se trasladan mas allá del tercer cielo a la velocidad de la luz. Tan sólo en fracciones de segundos están donde quieren estar.

Y son reales, no necesitan una vestimenta especial ni una escafandra, ni tampoco una nave espacial para viajar a otros mundos, están dotados de un poder muy superior al humano, el hecho de habitar el mismo mundo donde Dios habita los hace diferentes en conocimiento, sabiduría e inteligencia a los rudimentos del mundo a donde habita el hombre.

Por lo tanto poner la confianza en lo que Dios dice es la mejor alternativa y la mas sabia.

No hacerlo, es perderlo todo.

El criterio propio

Trazar planes o hablar de emigrar a otro planeta fuera de la atmósfera terrestre, como una buena idea esta bien, pero el hacerlo ya es otra cosa, no hay certeza de que se lleve a cabo.

Porque no se habla de la luna, ni de nuestra galaxia sino de otras muy lejanas, así que, nos enfrentamos a una hipótesis difícil de verificar.

Más aun cuando los astrónomos exploran constantemente el universo y en esta década han descubierto el planeta HD85512b "muy parecido a la tierra puede ser habitable si su atmósfera contiene oxigeno y nitrógeno y el otro punto importante es que su ubicación permite la existencia de agua liquida en su superficie."

"Todo esta perfecto, es lo que la humanidad andaba buscando.. el único problema es que esta ubicado a "solo" a 36 años de luz de la tierra (345.6 billones de Kilómetros de distancia)."

"Cabe indicar que con la tecnología actual, no es posible enviar ni siquiera una sonda hasta el HD85512b, para comprobar si es o no habitable, pues la distancia resulta insalvable para cualquiera de nuestras naves."

Los científicos mismos se ven en impotentes para realizar este proyecto.

La tarea es titánica y no esta en la capacidad humana de hacerla.

Los viajes a la luna, no son cosas de todos los días, fue sólo una vez en la historia de la humanidad, por un lapso insignificante de tiempo y nunca mas se ha vuelto a repetir, salen al espacio colocan satélites, envían sondas exploradoras a otros lugares del espacio lejanos de la tierra pero más allá la ciencia humana no puede ejercer esa función, sencillamente porque esta lejos de su posibilidad.

LA VISIÓN I

Alternativas vigentes

La Biblia es una de ellas.

Allí dice:"Porque he aquí que yo crearé cielos nuevos y tierra nueva; y de lo primero no habrá memoria, ni mas vendrá al pensamiento"(Is.65:17)

La pregunta es: ¿Cómo puede haber estado escrito eso, allí, en un libro que tomo su recopilación y el escribirlo un aproximado de 1500 años A.C.?.

¿Cómo se pudieron escribir estas citas con referencia a nuestro planeta? "porque haré estremecer los cielos, y la tierra se moverá de su lugar", "Que se envejecería como ropa de vestir", que:"los nuevos cielos y la nueva tierra que yo hago permanecerán delante de mi." Luego Juan el apóstol dice proyectando hacia el futuro: "Vi un cielo Nuevo y una tierra nueva, porque el primer cielo y la primera tierra pasaron y el mar ya no existía mas…(Apocalipsis 21:1)" Y continúa: "Yo hice la tierra, y creé sobre ella al hombre. Yo mis manos, extendieron los cielos, y a todo su ejercito mandé". (Is.13:13, Is.51:6, Is.:66:22, Is.45:12. Todos los textos tomados de la Biblia, versión Reina Valera 1960)

Dios ya había previsto todas estas cosas desde antes de la fundación del mundo, y determino en sus Consejos eternos remover la tierra de su lugar y cambiarla por otra nueva así también poner cielos nuevos.

Aquel nuevo planeta ya fue creado y listo para ser habitado solo esta en compás de espera.

La razón es simple El sistema planetario solar es un largo proceso de trabajo en un espacio donde no existe el tiempo pero para la dimensión humana eso significa miles de años en la creación de un planeta, siendo diferente la dimensión en la cual habita Dios y los ángeles en la que se usa una referencia de días para hablar al hombre, sin importar el significado de ellos visto desde el punto de vista divino para toda la creación.

(" Y fue la tarde y la mañana el día sexto. Fueron pues, acabados los cielos y la tierra, y todo el ejercito de ellos. Y acabo Dios el día séptimo la obra que hizo; y reposo el día séptimo de toda la obra que hizo."(Génesis 1:31. 2:1,2,3).

El termino días tomado al pie de la letra no tiene sentido para la parte humana, pero es distinto hablar en la dimensión de eternidad a otra transitoria, en consecuencia hablamos de algo real como una nueva tierra que ya esta en condiciones de ser habitada.

¿Cuál es el planeta?

Nadie lo sabe, lo principal es que hay una solución real como la que se esperaba, y viene del mismo Arquitecto de este inmenso universo, y es ya, de por si, una gran esperanza para la humanidad y un gran alivio para todo el mundo, ya que la raza humana no esta en capacidad de resolver un problema de esta magnitud con ninguna de las técnicas descubiertas hasta el momento.

Y esos planes extraordinarios y grandes para la vida humana están por concretarse, tal vez nadie soñó con algo tan extraordinario como esto de parte de Dios, que nos anima a confiar en El, sin importar las criticas o lo que otros digan en contra, lo importante es que es algo diferente a lo común, la tierra necesita ser renovada, pero no solo ella sino también la mente y el alma de hombre actual, en una nueva, que actúe de otra manera superior a la que el ser humano tiene ahora.

¿Cómo seria ese nuevo mundo?

Si hay un cambio de planeta, también debe haber una renovación en la naturaleza humana, hasta hoy la mente del hombre no se a superado a si misma, es incapaz de desterrar el mal de su vida, y eso tiene que cambiar ahora, en este tiempo si quiere habitar ese nuevo mundo y ser parte del plan de Dios.

Obviamente no todos están de acuerdo pero para los que verdaderamente quieres avanzar a otros niveles mas altos, la oportunidad

LA VISIÓN I

ha llegado para ellos, en esta década difícil, para los que quieren seguir viendo dentro de toda una eternidad las cosas grandes de Dios.

Un nuevo mundo habitado por gente transformada por el poder de Dios, así como los ángeles que están en los cielos.

Se habla de un periodo de paz, de convivencia pacifica entre las naciones, del destierro total de las guerras, los crímenes, la violencia, la hambruna, las enfermedades la pobreza y toda secuencia de males de las que en la actualidad padece el hombre bajo la civilización actual.

Con una vieja naturaleza seria imposible alcanzar esta meta, se requiere un nuevo corazón y un nuevo espíritu, y es para obtener esa gracia de Dios este tiempo que se predica el evangelio en todas partes.

Para los que aceptan la salvación en Cristo, que no es ninguna religión sino una relación fraternal, entre Dios y el hombre así como la de un padre con su hijo, el poder de Dios los ayudara a nacer de nuevo de espíritu y verdad y ser nuevas criaturas en Cristo Jesús.

Es la misma personalidad pero orientada hacia el lado correcto, de acuerdo a la naturaleza original con que fuimos creados, con libre albedrío, "hechos a imagen y semejanza divina" entonces, estará apto para heredar esa tierra como ciudadano del reino de los cielos.

Tener este tipo de noticias, es realmente espectacular, porque nos hace pensar que aun hay esperanza, una gran esperanza para el porvenir de este mundo, y que no viene de una promesa de ningún líder político o religioso, sino del mismo Dios de este inmenso universo.

Todo esta diseñado para un futuro glorioso con Dios que no tiene ocaso ni crepúsculo, sino un sistema diferente al del mundo, jamás conocido ni imaginado hasta hoy.

"He aquí, yo hago nuevas todas las cosas" Apocalipsis 21:5

"Por tanto, al Rey de los siglos, inmortal, invisible, al único y sabio Dios, sea honor y gloria por los siglos de los siglos. Amen."

Esta cita corresponde a la primera carta del Apóstol Pablo a Timoteo capitulo 1:17.

Pero describe cosas que ningún mortal puede decirlas o esta en capacidad de adjudicar a el mismo la autoria. Excepto Dios.

Y luego la naturaleza de un Ser Supremo que siempre es un eterno Yo Soy, ese es el ADN divino: un eterno YO SOY que la adquiere también un hijo de Dios.

Dios cumple siempre sus promesas y esta es una de las grandes perspectivas a favor del hombre.

Y cualquiera que sea, puede vivir para contarlo, todo depende de las propias decisiones que se tomen acerca de la salvación, si se acepta la dádiva de Dios, entonces cualquier persona puede ser parte de este plan ahora mismo, pero no después, porque este tiempo de gracia, como todas las cosas, también tiene un fin.

De antemano se pone en conocimiento los planes de Dios con respecto a los problemas humanos, para que todos puedan tener la oportunidad de salvación, "si quisiereis y oyereis comerás el bien de la tierra…"(Is.1:19).

Realmente el amor de Dios por la raza caída, es grande.

Siendo el hombre un ser imperfecto, mientras hay vida, hay esperanza y Dios lucha hasta lo ultimo para que no se pierda sino que la voluntad de Dios es que alcance la salvación, la vida eterna y todas las promesas de Dios, en su Hijo Cristo Jesús.

Y en caso de que el ser humano rechace todas las oportunidades que Dios ofrece, la segunda venida de Cristo marca esa época de transición y cierra las oportunidades para siempre.

El tiempo de la gracia se acabo.

¿Cuál es la perspectiva humana?

Todos los informes que hay sobre este tópico nos hablan acerca de graves consecuencias para la humanidad y de efectos realmente devastadores cual nunca se han visto.

Y no hay una salida o alternativa, sino solo esperar lo peor en el día menos pensado.

No hay desde el punto de vista humano ninguna alternativa, ningún futuro sino un porvenir incierto, porque no esta en capacidad de ofrecer nada que pueda revertir la situación.

Sin embargo es otra la palabra de Dios.

De cosas grandes nunca imaginadas.

A Dios no le sorprende ninguna de estas cosas que afectan al hombre y a toda la tierra. No son sorpresas, no existen para Él.

Lluvia de meteoritos

No solamente se trata del cambio climático, sino que también hay otros factores que pueden afectar más de lo que ya esta el clima; y como consecuencia el normal desarrollo de la vida, los recursos naturales y todo lo que tenga que ver con la economía, la alimentación y la estabilidad del planeta: Es la lluvia de meteoritos, que pueden caer en áreas súper pobladas y causar grandes estragos así como en los ríos, o en el mar y contaminar las aguas. Realmente la humanidad vive tiempos difíciles y peligrosos.

Como se puede ver, el cambio climático también viene acompañado de otros peligros, pero después de leer los planes de Dios, lo único que podemos hacer es creer, que todo es posible con Dios.

Esta en los planes de Dios, una nueva creación, otro planeta con la misma atmósfera, la misma tierra como fue la primera y los mismos recursos naturales donde las temperaturas ambientales permitan el desarrollo de la vida, la flora la fauna y el aire puro así como los manantiales de agua para regar los valles montañas y cordilleras.

Pensar en esto, es realmente alentador, bueno para la salud, y satisfactorio para la vida, el hecho de vivir para ver y participar en esa nueva creación como antes nunca se vio bajo la dirección de Dios; es algo realmente grandioso y se puede decir sin lugar a dudas que los mejores tiempos para los que creen, aun están por venir.

Los miramos desde aquí que están al frente de nosotros y saludamos a esos buenos tiempos, realmente maravillosos.

CONCLUSIÓN
Otra creación: Los ángeles

Antes de la creación del hombre Dios ya había creado los ángeles, con una naturaleza distinta a la humana, quiere decir que el hombre no es el único ser creado, sino que también hay otros seres creados semejantes a los humanos pero, muy superiores en fortaleza, inteligencia y ciencia a la cual no ha llegado el hombre.

Es un tipo de creación tal, que en potencia los ángeles son un nivel mas que el hombre, sin que eso signifique que sean perfectos.

Pero tienen otras cualidades diferentes a todo lo humano.

El hombre no es un ángel, tampoco puede volar a la velocidad de la luz, y si quiere hacerlo, un viaje fuera de la atmósfera terrestre, necesita una vestimenta especial para protegerse.

La buena noticia es que Dios también promete transformar el cuerpo humano sin perder su propia identidad para que sean como los ángeles de Dios en el cielo, donde lo débil se convierta en fortaleza, lo mortal sea absorbido por lo inmortal, y lo corruptible por lo incorruptible, bajo una nueva naturaleza sin perder la identidad propia.

Esa es la buena noticia que tiene Dios para los seres humanos, de allí la importancia que tiene el hecho de aceptar el plan de salvación en Jesucristo, si el hombre anhela ser también una nueva creación de Dios en si mismo, y ser parte de las cosas que Dios a preparado para los que le aman entonces esta es la oportunidad de conseguirlo, no se tiene que pagar nada porque Cristo ya pago todo con su vida, la cuenta que el hombre tenia con Dios, Cristo la cancelo por nosotros con su vida derramando su sangre en la cruz, solo se recibe por fe, creyendo en el, la puerta esta abierta para todo aquel que quiera entrar.

Ahora, mucha gente puede decir que no necesita eso, o que esta muy ocupado para perder su tiempo en esas cosas, o sencillamente rechazarlo por alguna razón u otra.

Como quiera que sea; Dios no obliga a nadie sino que respeta la decisión de cada persona en base al libre albedrío del que goza en la vida, pero lo hace también un ente responsable de sus actos ante Dios y ante la justicia humana en vida, en eso se basan los juicios.

El apóstol Pablo habla también de esa transformación a los creyentes y dice:"los muertos (en Cristo antes de su segunda venida) serán resucitados incorruptibles, y nosotros,(hablando de los que están vivos en su segunda venida) seremos transformados"(I corintios 15:52).

"Porque el Señor mismo con voz de mando, con voz de arcángel, y con trompeta de Dios, descenderá del cielo; y los muertos en Cristo resucitaran primero.

Luego nosotros los que vivimos, los que hayamos quedado, seremos arrebatados juntamente con ellos en las nubes para recibir al Señor en el aire, y así estaremos siempre con el Señor" (I tesalonicenses 4:16 y 17).

Es tan importante dar este paso, que Dios no pone obstáculos en el camino sino que mas bien hace la invitación, por algo decisivo para mejores cosas, que solo se reconocerá su verdadero valor en la segunda venida de Cristo.

Con Dios hay futuro sin El no hay nada.

El hombre fallo en su primer test en el huerto del Edén y rompió una relación fraternal con su Creador, a partir de allí su señorío sobre la tierra, continua pero a su modo, asume el mando de este mundo pero también vuelve a fallar.

Destruye el medio ambiente, donde Dios lo ha puesto poniendo en peligro su existencia, necesita que lo vengan a rescatar.

Y esta vez el mismo Dios va al rescate de su creación.

Lo que quiere decir que el plan perfecto que tuvo para la primera pareja, nunca se termino, solo sufrió una pequeña interrupción, por un corto lapso de tiempo, pero nadie dijo que se termino." El envío a su Hijo Jesucristo, para que todo aquel que en El cree, no se pierda mas tenga vida eterna" (Juan3:16).

El desarrollo del plan de Dios será con aquellos que deciden volver al hogar, y escuchar el llamado de Dios, sin reservas de ninguna clase.

"Mi mano hizo todas estas cosas, y así todas estas cosas fueron dice Jehová; pero mirare a aquel que es pobre y humilde de espíritu, y que tiembla a mi palabra"(Is.66:2).

Y las promesas de Dios siempre son de restauración, de un nuevo comienzo, de esperanza: "y en un instante hablare de la gente y del reino, para edificar y para plantar" (Jeremías 18:7).

En un instante, todo puede cambiar para bien, en un instante cambia el futuro obscuro, incierto, a otro grandioso, brillante como nunca se pensó, así es ese Dios amoroso, un verdadero Padre Celestial.

LA VISIÓN I

"Si se humillare mi pueblo, sobre el cual mi nombre es invocado, y oraren, y buscaren mi rostro, y se convirtieren de sus malos caminos; entonces yo oiré desde los cielos, y perdonare sus pecados, y sanare su tierra "(segunda de crónicas 7:14)

Ese día no esta lejos, su segunda venida esta muy cerca, no es una posibilidad, sino una promesa y una necesidad para este mundo.

Ante esta solución que viene de Dios, y es lo mejor, el mundo se plantea varias hipótesis a veces con base, otras se dan tan solo en el terreno de la especulación, pero ninguna solida.

Ante la amenaza del cambio climático, si esta continua a ese ritmo, ¿cuál entonces será el futuro del planeta tierra? ¿Tal vez un desierto congelado, sin indicios de agua y dañada por la radiación?

¿Puede la humanidad cambiar de mundo como se cambia de casa? ¿Puede ser posible construir una nave ínter espacial capaz de trasladar a la gente a otro planeta en cuestión de días u horas? lógicamente eso no es factible.

No esta al alcance de las posibilidades ni de la capacidad humana el llegar a realizarlo.

El hombre es un ser creado.

La creación es un atributo divino, por tanto es una tarea que solo Dios puede hacerlo.

La morada del hombre es la tierra, porque de ella fue hecho.

Su propia naturaleza nunca se adaptaría a vivir en otro planeta, sencillamente moriría de pena.

Pero si esto fuera posible, ¿habrá tiempo para conseguirlo?

Como quiera que sea, por lo menos tenemos el conocimiento de lo que puede pasar y entre perecer y salvarse, o tener que escoger entre la vida y la muerte, o entre el plan de Dios en quien es digno de confiar o en el plan casi insostenible del hombre.

El mejor consejo sin objeciones es escoger el plan de Dios:la vida y la salvación.

De esta manera el cambio climático se convierte también en una poderosa señal de los últimos tiempos de que la segunda venida de Cristo esta a la vuelta de la esquina, ya no lejana sino casi a las puertas, realmente hay un gran clamor por esta promesa, se necesita que regrese lo mas pronto posible.

En la tierra hay temor y expectación por las cosas que sobrevendrán a corto plazo, porque nunca nadie pensó que la industrialización y los inventos de vehículos motorizados, ni la explotación de la minería ni la tala de bosques, ni la basura plástica que tiran al mar iba a costar mucho a la raza humana: casi su extinción a menos que el Todopoderoso Dios intervenga conforme a sus planes, del cual hoy tenemos conocimiento pleno.

Pero en apenas poco mas de 50 años el precio que se tiene que pagar por destruir la tierra con todo lo que ella contiene, vuelve a ser impagable.

No obstante el que creo este planeta no a perdido el control. Nuevamente vuelve al rescate con un plan claro y perfecto para el que lo acepta.

¿Qué más se puede pedir? ¿Qué más se puede hacer para ayudar a la raza caída que no haya hecho Dios?

Confiar en Dios es lo mejor.

LA VISIÓN I

CAPITULO CUARTO: LA NACION DE ISRAEL
EL DIOS TODOPODEROSO

Y de la misma manera nos encontramos con una de las mas fascinantes señales que tendrán un papel protagónico en la segunda venida de Cristo: la nación de Israel, considerada como "el reloj del tiempo".

Esta es la cuarta señal acerca de la segunda venida de Cristo como Rey de Reyes, en un momento crucial para un mundo con grandes problemas en asuntos tan importantes y tan vitales para una civilización dividida que quiere ir mas adelante.

Israel la nación conocida como el pueblo de Dios, a través del tiempo, siempre ha estado en la cresta de las olas, y no hay desde su actual constitución hasta hoy, una época de paz en toda su historia.

Todo el tiempo esta rodeada de enemigos gratuitos, que lo único que buscan es aniquilarla, que no exista como nación, no la aceptan ni como buen vecino, ni como una nación amiga, ni tampoco quieren vivir en buenas relaciones con este pueblo. motivos, razones; no las hay, entonces, ¿cómo justificar tanta hostilidad contra este país?

Imposible explicarlo pero es real, infortunadamente.

Y no sólo eso, literalmente esta rodeada de enemigos, ya no solamente de sus vecinos sino que en esta década actual ese numero va en aumento incluso se ve también la tirantez de relaciones con potencias mundiales que antes le daban el apoyo incondicional, hoy en día es como que estuviesen llegando a su fin esas buenas relaciones de antaño e Israel se estuviese quedando solo contra el mundo.

Y una de las razones que esgrimen sus antes fieles aliados es presionarlos para que devuelva los territorios conquistados en la guerra y su territorio quede como estaba antes, entonces se cree que habrá paz, paz en el mundo.

Lo que pone en una situación comprometida al resto de los países del mundo que están en la misma condición de Israel, que tienen territorios de otras naciones obtenidas a través de guerras.

Y moralmente tendrían que hacerlo juntos todos los países del mundo y trazar nuevos límites territoriales devolviendo los territorios conquistados a sus dueños.

Lo cual generaría mas guerras, porque ninguna nación en el mundo estaría dispuesta a hacerlo, lo que quiere decir que esta propuesta para pacificar el medio oriente no es convincente para la opinión pública, excepto para aquellos que tienen intereses políticos de por medio.

Razones poderosas extraterrestres

La única explicación es que fuerzas invisibles de maldad estén operando para incitar a las naciones de alrededor a conspirar contra este pueblo, mas conocido como "el pueblo de Dios".

De allí proviene la manipulación de naciones en contra de Israel, y un odio insistente y vigoroso contra la descendencia del pueblo Judío, siendo el hombre el instrumento que se presta para ser utilizado por estas potestades o seres espirituales de maldad para ir contra todo lo que tenga que ver con Dios.

El Estado de Israel después de la dispersión

Desde el año 70 D.C. esta nación estuvo sin identidad nacional, sin patria desparramado entre los pueblos de la tierra, pero curiosamente no desapareció ni fue absorbido por otras culturas, su identidad, su fe, su cultura permaneció con ellos, y adonde iba, era prosperado, y esto levanto la envidia de muchos y padeció terribles persecuciones, aun sin tener una patria donde refugiarse, siendo el holocausto Nazi una de las peores masacres que le ha tocado vivir donde mas de 6 millones de Judíos, fueron incinerados en las cámaras de gas; y aunque los enemigos de este pueblo no quieran reconocerlo, es algo que el mundo nunca lo olvidara.

Pero el 15 de Mayo de 1948 se constituyo como el Estado de Israel en el mundo y volvió a ser una nación. Después de 1878 años.

Realmente es un milagro, después de casi dos mil años, constituirse en un estado como si se hablara de algunos meses solamente, fue algo grandioso.

Por fin recobro su propio hogar, su propia tierra donde ejercer sus derechos su fe, prosperar, desarrollar, educarse y trabajar libremente.

Es una de las naciones donde la agricultura y la tecnología ha transformado las tierras áridas en productivas y transformado los desiertos en huertos y campos de cultivo.

Año 1948, después de constituido como nación del pueblo Judío, cinco países del medio oriente le declaran la guerra al recién nacido nuevo estado de Israel.

Su intención era matar al infante.

Líbano, Siria, Trans Jordania, Irak y Egipto, los antiguos enemigos de Israel, unieron sus fuerzas y formaron un poderoso ejercito frente a un ejercito mal armado y sin entrenamiento con un mínimo de efectivos, de tal manera que los Israelitas pusieron a los niños y las mujeres al centro del campamento y los varones a los flancos, al frente y a la retaguardia para poder defender su territorio y sus familias,

Y contra todos los pronósticos lógicos y matemáticos que no iba a sobrevivir al ataque; Israel gano la guerra, y el mundo se preguntaba: ¿cómo lo hizo? eso es imposible, ¿quién le ayudo? no lo podían creer.

Pero quien le ayudo fue Dios y gano una guerra contra todos los pronósticos sin la ayuda de ninguna potencia mundial.

La única explicación comprensible es que con la ayuda de Dios no necesita la protección de una potencia mundial, es mas que suficiente.

Luego intervinieron los organismos internacionales para hacer acto de presencia y tratar de restaurar la paz.

Y firmaron tratados y muchos otros papeles pero fue solo un formulismo político que nunca se iba a cumplir en el terreno de los hechos.

No contentos con la firma del tratado, ni con la derrota sufrida, las hostilidades contra la nación de Israel, continuaron.

Pasaron 7 años y se vino otra guerra con uno de los contrincantes mas fuertes del medio Oriente: Egipto.

Le declaro la guerra abiertamente a Israel, bloqueando el golfo de Akaba, con el fin de cortar la libertad de navegación de ese Pais.

Y así asfixiar económicamente a Israel. Los organismos internacionales hicieron lo que pudieron pero no obtuvieron ningún resultado.

Volvieron a pasar otros 7 años y se vino otra guerra

En el año 1967 se aliaron a Egipto: Jordania y Siria para lanzar un ataque "inminente y sorpresivo" sobre Israel, pero al notar los movimientos de las tropas árabes en las fronteras, Israel no se quedo a esperarlos, sino que salió y lanzo un ataque relámpago sobre Egipto y sus aliados y en menos de 7 días los venció.

Y llevo sus tropas hasta el canal de Suez, ocupo toda la península del Sinaí, conquisto Judea y Samaria, libero a la vieja ciudad:- Jerusalem que siempre les ha pertenecido, desalojaron a los Sirios de las Alturas del Golan, desde donde los francotiradores atacaban intermitentemente a las colonias agrícolas judías en la alta Galilea.

Y el agredido, nuevamente gano la guerra limpiamente, de una manera sobre natural, no a un solo país agresor sino a todos sus aliados juntos y recobro la libertad de navegación.

Fue entonces, que nuevamente intervinieron los organismos internacionales que en vez de ser equitativos mas bien querían que Israel abandonara los territorios recuperados de manos ajenas.

Fueron cuestionados estos tratados y definidos como "formalismo político" por lo que se negó a firmar esos papeles que estaban redactados contra la nación vencedora y claramente a favor del grupo agresor.

Cuarta Guerra 1973

Fue desencadenada por un ataque sorpresa de los Egipcios, en su afán de recuperar los territorios perdidos en la Guerra de 1967, tomando el canal de Suez, el 06 de Octubre de 1973, se le unieron sus antiguos aliados:Los Sirios, abriendo un Segundo frente para apoyar el ataque Egipcio.

Sin embargo la reacción del ejercito Israeli, fue mas rápida, Cruzaron a su vez el canal de Suez, y cortaron así, las lineas de aprovisionamiento del ejercito Egipcio y encerraron a las tropas atacantes en el desierto.

¿Resultado?

Otra victoria para Israel.

En el desafío de David contra Goliat, David vence al gigante Goliat de una manera increíble, sin lanza, sin tener puesta un coraza blindada sobre su cuerpo, sin una espada sobre su mano, sin botas de seguridad, sin un yelmo de protección sobre su cabeza sin un escudo contra las lanzas, sin tener ninguna de estas armas de guerra, con tan solo una honda y una piedrecita chiquita.

La tiro con tal fuerza, que salió como un balazo, y se la incrusto en la frente.

Y esa mole que iba contra David, cayo a sus pies, y sacando la espada de este paladín filisteo, con la propia espada, lo mato.

Y esa confrontación continua y todas las veces que esto a sucedido, la historia se sigue repitiendo y se seguirá repitiendo, ¿cómo es que no se puede aprender de la propia experiencia?

El presidente de Egipto viaja a Israel 1978

Señor Anwar Al-Sadat en aquel entonces el primer mandatario, en una iniciativa de paz, viajó a Jerusalem para entrevistarse en aquella época con el primer ministro Israelí: Menahem Bégin, el resultado obtenido de ese diálogo fue la firma de un tratado de paz entre ambas naciones y ésto llevo a un proceso de devolución, en un gesto de buena voluntad por parte de Israel, del desierto de Sinaí. El año siguiente se firmo el tratado de paz de 1979.

Se trata de horadar la peña con una aguja

Pero esto, no significo nada, porque el sentimiento antisemita nunca ha cambiado.

Israel, es un país diferente a todas las naciones árabes que la rodean por causa de su prosperidad y su fe inconmovible en un solo Dios verdadero.

Desde su regreso a la tierra prometida en mayo de 1948, su existencia ha sido siempre un milagro, donde se puede ver la mano de Dios para ayudarlo y darle siempre la victoria y cumplir con ellos la promesa de que haría de ellos una gran nación y los multiplicaría como las estrellas del cielo.

La promesa es un gran desafío para el mundo

Una de tantas promesas de parte de Dios para ellos, es un constante desafío para todas las naciones enemigas que la rodean y las del mundo, también.

No obstante se pretende "borrar del mapa" a una nación pequeña, pero que nunca a perdido una guerra contra el enemigo ni tampoco la perderá, la razón es simple: Hay una promesa de arriba para ellos.

18 siglos dispersos, errantes por el mundo sin perder su identidad como pueblo de Dios, fue la promesa las que los mantuvo unidos, identificados e indivisibles en medio de los tiempos:

"Haré de ti una gran nación y te bendeciré." aun estando en el exilio, fue el distintivo de ellos, y ese periodo termino el 15 de mayo de 1948 con su vuelta de nuevo al grupo de naciones constituidas sobre la tierra.

Donde la palabra profética de Amos 9:15 se cumple en décadas donde las civilizaciones se levantan con mucha incredulidad al poder de Dios, sin tener en cuenta que en la eternidad, donde habita el Omnipotente, no existe el tiempo.

"Los plantare sobre su tierra, y nunca mas serán arrancados de su tierra que yo les di, ha dicho Jehová Dios tuyo".

El cuidado de Dios

Él que cuida de las aves, ¿cómo no ha de cuidar a su propio pueblo? Siempre la misericordia de Dios a estado de por medio, en medio de la persecución, o sus propias rebeliones, o sus luchas como nación.

El empeño su palabra a Abraham en siglos pasados, y llegado el tiempo, la cumple al pie de la letra con poder y gran gloria.

Todo va encaminado hacia la venida del Mesías por segunda vez.

Desde las persecuciones, la dispersión, la ira de las naciones contra Israel, el sentimiento anti semita, el voto a favor de los organismos internacionales compuesto por todas las naciones del mundo para que se constituya como nación nuevamente en su propia tierra el año 1948.

Y finalmente en esta ultima etapa, el levantamiento de una de las naciones mas poderosas de la tierra del norte de Israel, comandando una gran invasión bajo el lema:"destruyamos a Israel para que no sea nación, y no haya mas memoria de el" y contra el, han hecho alianza con todas las otras naciones enemigas de este pueblo.

Dios tiene un plan para llevar a cabo sobre este mundo y es muy seguro que esta generación del 2000 se encuentre en el tiempo exacto de presenciar todos estos acontecimientos sobresalientes y este pueblo es parte preponderante en todo este programa divino que se vislumbra su cumplimiento a corto plazo.

Israel es la heredad de Dios, su acta de nacimiento nace de uno los libros de la Biblia capitulo 32 verso 8 Deuterenomio dice:"- Cuando el Altísimo hizo heredar a las naciones, según el numero de los hijos de Dios, Israel fue la heredad que le toco".

Eso quiere decir que, existe una estructura espiritual de poderes divididos por jerarquías de alto y bajo rango tales como principados, potestades, gobernadores y huestes que están por encima del gobierno del mundo material donde vivimos de cada uno de los países de este mundo. En principio para hacer de este mundo lo mejor para la vida del hombre.

Pero cuando sucedió la rebelión de este arcángel llamado Lucifer, arrastro a gran parte de estas jerarquías a rebelarse contra el Trono de Dios, a partir de allí, las cosas cambiaron y actúan independientemente de la voluntad de Dios, mas no para siempre.

La segunda venida de Cristo es muy importante en este sentido, porque tendrán que sujetarse a su Señorío cuando establezca su justicia sobre la tierra. Al respecto la Biblia dice en primera de Pedro capitulo 3 verso 22 lo siguiente: "quien habiendo subido al cielo esta a la diestra de Dios; y a el están sujetos ángeles, autoridades y potestades" El que los puso allí donde están, tiene también poder para sujetarlos.

¿Por qué es importante el pueblo Judío?

Tiene una misión que cumplir: poner el conocimiento de Dios al alcance del hombre.

Aportar al mundo la revelación de Dios, la de un Ser Supremo que rige todo este Universo y de su Hijo Jesucristo, como único y suficiente Salvador personal.

Y dar a conocer el amor de Dios por la raza caída al proveer de un Salvador para que el hombre no se pierda.

Un amor demostrado con hechos concretos al dar a su único Hijo, Jesucristo, que vino a través del pueblo Judío para que sea el que pague la pena del pecado con su sangre, a fin de que todo aquel que lo acepte, su deuda con Dios quede saldada.

Mediante este acto legal se cumple con la ley de Dios: "la paga del pecado es muerte y la dádiva de Dios: vida eterna en Cristo Jesús Señor nuestro" (Romanos 6:23.)

Y lo otro tan importante como lo demás: aportar la Biblia.

El Libro por excelencia mas leído en toda la historia de la humanidad, donde se encuentra el mensaje de Dios para el hombre de todas las generaciones de este mundo.

Dios nunca a dejado abandonada a la humanidad, el está en control.

La palabra de Dios, escrita en casi 1500 años, no es "un buen libro" como algunos pretenden llamarla, sino la eterna santa e inconmovible palabra de Dios que dice lo que el hombre es, de donde viene, a donde va, y tiene poder para transformar la vida y cambiar el destino eterno hacia otro para el cual fue creado el hombre.

Ante este desafío, las fuerzas de las tinieblas se mueven con furia contra este pueblo para atacarlo y destruirlo, entonces vemos a Israel siempre en pie de lucha como ninguna otra nación del planeta.

Israel, una nación singular

Teniendo en cuenta lo que significa esta nación Judía y que su existencia como tal, tiene un propósito bien claro, se constituye también en uno de los enemigos de las fuerzas de las tinieblas.

Una razón para poder explicar porque no puede vivir en paz, sino rodeada de gente cuyo único fin es tratar de atentar contra ellos para que no sean mas, una nación.

Lo que demuestra la existencia de estos poderes, que maquinan destrucción y muerte desde lugares y dimensiones a los que el hombre no tiene acceso.

Y también al observar siempre la misma constante probamos que en la dimensión en que habitan estas fuerzas de las tinieblas no existe el tiempo: Lo que hicieron en la segunda guerra mundial, el exterminio masivo de los Judíos en las cámaras de gas, no pertenecen al pasado sino que continua para ellos en otras formas de actuar tal vez peores, pero al fin y al cabo sigue siendo siempre lo mismo: en vez de los nazis están otros grupos extremistas tan crueles como los anteriores, y el sentimiento anti semita nunca a desaparecido, mas bien se multiplica en otras latitudes.

Siempre son las mismas ideas, los mismos planes y las mismas intenciones de la década del 40 o antes, como si el tiempo nunca hubiera pasado para esas jerarquías caídas, creadas desde la eternidad.

Para el hombre sobre la tierra cuentan los días, los meses, los años, los siglos, los milenios, el tiempo y tiene un límite, donde se aprende a través de las propias experiencias y de la historia, y es susceptible de cambio para ir en pos de un futuro siempre mejor. Se le puede llamar la dimensión temporal del ayer del hoy y del mañana.

LA VISIÓN I

Es distinto en su naturaleza a cualquier otra creación. Su mente, su carácter, sus pensamientos pueden cambiar a favor de la vida y la de los demás.

Eso, mientras tenga aliento, después, en la otra vida, no existe ninguna posibilidad de cambio se queda como esta, para siempre. Esa es la situación de estas jerarquías celestes en la otra dimensión.

La mente tenebrosa ya no puede cambiar, la naturaleza corporal tampoco, su destino eterno menos, el juicio y el fallo ya están dados por siempre porque habitan en la eternidad donde solo existe el presente, no hay mañana ni tampoco pasado, solo esperan el cumplimiento de esos juicios pendientes contra ellos por su rebelión contra el Trono de Dios.

Es muy diferente, si se trata de ver las cosas legalmente entre estas huestes de maldad y el hombre.

En el primer caso ya no hay mas oportunidades y en el segundo aun queda una, la ultima opción: aceptar la salvación en Cristo, por razón de que el hombre no se rebelo contra el trono de Dios deliberadamente sino que fue inducido, tentado a pecar desobedeciendo la palabra de Dios y fue tumbado por un enemigo, por lo tanto tiene una oportunidad mas, si se arrepiente y cree en la palabra de Dios, entonces se produce e milagro de la salvación.

Por lo tanto desde el medio en que habitan, estas huestes del mal, las cosas ya están dadas.

Su lucha contra Dios y contra el hombre nunca han terminado saben también cual es el final que les espera, de modo que eso jamás va a cambiar, es una batalla eterna que solo terminara con la segunda venida de Cristo, el que los venció en la cruz del calvario de una vez por todas.

Es bueno saber que Israel no enfrenta sólo a naciones sino que a todo lo que esta detrás de cada nación contra ellos.

En consecuencia en una guerra cualquiera que sea, si podemos observar bien vemos que no importa contra quien sea, ni tampoco el alto costo de vidas humanas, que es inhumano, y es lógico, porque cuando la mente se vuelve cautiva de estas fuerzas de maldad, se vuelve también como ellos: inhumanos porque perdieron su propia identidad y adquirieron la de estos conglomerados de maldad.

Y lo que pasa actualmente con esta nación se ve con mucha preocupación porque hasta naciones de centro y sur América han llegado a expulsarlos de sus territorios, en una discriminación sin precedentes en la historia, no por cierto toda la nación, sino algunos grupos pequeños y radicales que agitan a las masas para conseguir sus propósitos.

A medida que pasan los años vemos que desde organismos internacionales hasta naciones de cualquier parte del mundo se alinean contra Israel para quitarle su apoyo y ponerse en contra de este pueblo y se puede quedar realmente solo.

Pero esa también puede ser la voluntad de Dios.

Llegado el momento de hacer frente a una guerra, los adversarios de Israel solo esperan este momento para irse contra ellos, esta es la luz verde que esperan para entrar en acción, y no solo las naciones de su alrededor, sino también algunas potencias mundiales.

En consecuencia, si Israel se queda solo sin el apoyo bélico de sus antiguos aliados, ni de los organismos internacionales, y gran parte de naciones de la tierra; entonces políticamente esta siendo entregado en manos de sus adversarios para que ellos hagan lo que quieran con este pueblo.

Se puede argumentar que Israel no quiere la paz en el medio oriente, y que se ha hecho todo lo posible para salvarlo, pero su obstinación en no querer entrar en las negociaciones hace que se le retire toda la confianza y se retiren las embajadas de esa nación, o cualquier otra razón para justificar sus acciones ante la opinión publica, aunque los analistas digan todo lo contrario.

LA VISIÓN I

Sea como sea, al ver a esta nación en esa difícil situación, los adversarios entonces creerán que ha llegado el momento de la invasión confederada de naciones a este pequeño pueblo, ya que tanto tiempo han esperado por este momento, hasta que por fin:"su sueño se hace realidad"

¿Cuál entonces seria el caso de Israel?

Debe asumir su responsabilidad de defender a su pueblo y a su territorio solo, lo menos que puede hacer es defenderse así los organismos internacionales le cuestionen su derecho a hacerlo.

No lo sabemos, pero hay una cosa cierta: este momento critico puede llegar para la nación de Israel y tendrá que asumir su defensa solo sin la ayuda de ningún aliado, tal vez algunos morirán en el combate otros pueden ser llevados cautivos, momentáneamente, pero será también el día en que la potencia de Dios actuara para pelear por su pueblo.

Israel siempre necesita el apoyo de sus aliados, pero si ellos le retiran su apoyo, también esta bien, quizá Israel no lo necesita porque tiene un GranAliado que nunca lo abandonara sino que mas bien lo defenderá de todos sus adversarios.

Y El es quien determina quien tiene esperanza y quien no. Y también quien será el ganador y quien el perdedor. Y la palabra de quien prevalecerá, si la ellos o la del Dios de Israel.

La paz, la convivencia pacifica para el bien común, el desarrollo, la educación y la prosperidad en un mundo donde cada día haya menos pobreza, menos hambre, menos enfermedades, menos desigualdades entre las clases sociales, parecen tópicos desconocidos para ciertos países del medio oriente.

Pero son culturas como cualquier otra con su propia idiosincracia.

Ahora escuchar hablar a los líderes políticos, declaraciones como estas:"matar a los judíos" o "el objetivo final no es la restauración de Israel sino su desaparición" o "la ruina de Israel" o llamarlo: "un tumor canceroso que tenemos que extirparlo" no es nada agradable y no contribuye tampoco a una convivencia pacifica entre pueblos hermanos, sino que alimenta la mente con pensamientos nefastos que al esparcirlos solo traerá como resultado atentados, crímenes, un caldo de cultivo para terroristas y un gran sufrimiento a sus propios pueblos.

La niñez forjada bajo esos principios solo vaticina un futuro lleno de violencia, terror, incertidumbre y muertes tempranas en medio de un caos.

¿Cómo encuentra la década del 2010 a Israel?

Es la década donde mas acciones bélicas han sido registradas.

Ademas de la carrera armamentista de algunos países por la posesión de armas de destrucción masiva con asesoramiento de potencias extranjeras, que venden esta peligrosa tecnología a cualquier país del mundo sin importar las consecuencias tanto a la tierra como a los países y sus habitantes en caso de que puedan ser usadas contra alguno de ellos.

Por otra parte hay un lado polarizado cada vez que hay escaramuzas o guerras entre Israel y sus enemigos, donde la verborrea de falsas informaciones hacia la opinión publica para difamar al enemigo juega su partido aparte.

Donde el país agresor queda como agredido y lo inverso. Y esto sucede cada vez que esta nación tiene que defenderse de cualquier ataque, todo el mundo entra también en el pleito condenado a uno y absolviendo a otro.

Realmente en esta década Israel enfrenta grandes problemas para su supervivencia, el futuro es cada vez mas tenso y ve con estupor como se acercan los días difíciles y la época de angustia para Jacob.

LA VISIÓN I

Todo hace pensar que esta nación se quedara sin ningún apoyo internacional cuando llegue la hora cero y tendrá que enfrentar a su destino cualquiera que sean las circunstancias.

Pero si algo se tiene que reconocer, es que estas cosas vienen de Dios, y es El quien prepara las circunstancias adversas, y los sucesos inesperados antes de actuar, para que Israel se apoye en su Dios cuando llegue el momento y en la hora critica entonces levantara sus ojos al cielo y clamara a Él con todo su corazón y Dios desde los cielos oirá su clamor y responderá a su oración y actuara y ¿quién entonces podrá estar en pie?

Es a Dios a quien tiene que acudir, no a ninguna otra nación de la tierra por mas poderosa que sea para que le ayude, porque el único que tiene poder para salvar y dar la protección y la victoria no son las otras naciones sino solo su Dios en quien ha creído.

Fuerzas de maldad en acción.

Pero también hay otro poder que puede destruir al hombre, y la imagen de Dios impresa en él.

Esa fuerza viene de las tinieblas de afuera pero también es real y sustituye:

La adoración a un solo Dios verdadero por la idolatría.
La paz universal por la guerra.
El buen entendimiento por la confrontación.
La negociación por la pelea.
Las buenas actitudes por la agresión.

La verdad por la mentira, la honradez por la deshonestidad, la generosidad por la avaricia, el respeto a la vida humana por el homicidio y el crimen, la humildad por la soberbia, el amor al prójimo por el egoísmo y toda una gama de perversidades.

Y de allí, una vez que se da inicio a estas maldades, no terminan cuando la persona muere, sino que es transmitida a la propia descendencia.

Todo aquello que se gesta adentro del hombre, queda impreso en el ADN y pasa a la siguiente generación, continua en la linea sanguínea a menos que dentro de esa linea genealógica, haya alguien que decida parar esa constante con la ayuda de Dios empezando por pedir perdón por algo que hubo en sus antepasados y así remover la causa de todo mal.

El profeta Daniel oró a Dios y pidió perdón por los pecados de su pueblo y después de 70 años pudieron salir de Babilonia. Eso es posible.

Lo que nos indica también que: Todo lo derivado de otra fuente distinta a la de Dios es distinta al origen del hombre. Y no proviene de Dios sino del adversario y sus huestes de maldad.

Y cuando estos entes se entronizan en el corazón de la persona, se convierten en hábitos y se van haciendo cada vez más fuertes y a su vez van adquiriendo otros malos hábitos peores y esa persona se transforma gradualmente en un ser cada vez mas malvado, porque proviene de otra fuente que no es precisamente la de Dios.

En consecuencia todo ser humano es susceptible de cambio hasta transformarse en aquello a quien representa: o a Dios o al diablo.

En otras palabras, el mundo espiritual es una realidad. No estamos solos sobre la tierra, y existen estas fuerzas que se oponen a Dios, tales como la Biblia los llama: "principados, potestades, gobernadores de las tinieblas de este siglo, huestes espirituales de maldad en las regiones celestes" (Efesios 6:12).

El origen del odio contra los judíos, y la persecución implacable contra los cristianos, se forjan en estas regiones, donde hay estructuras de gobiernos, u organigramas similares a los que hay en los países de la tierra y funcionan a través de la manipulación de las masas y estas fuerzas espirituales trabajan para ello, tardan décadas en preparar mentes y transformarlas con ideas y pensamientos opuestos a "todo lo que es verdadero, todo lo honesto, todo lo justo, todo lo puro, todo lo amable, todo lo que es de buen nombre". (Filipenses 4:8), para después usarlos contra Dios y su pueblo.

Las causas

La única es Dios. La relación del hombre con Dios. El destino eterno de los seres humanos que tienen principio pero no tienen fin.

Y lo que Dios ha hecho a través de su Hijo Jesucristo: traer la salvación al hombre para que adquiera vida eterna.

La influencia de la Biblia

Alcanzar el conocimiento de Dios tal como la Biblia lo dice, es tan importante, que hay una férrea y fuerte oposición de poderes espirituales de maldad en las regiones celestes que luchan para que ningún ser humano la pueda obtener.

¿Contra quién realmente luchan?

No sólo contra Dios, no sólo contra el pueblo Judío, sino a quien quieren destruir es al hombre mismo, una de las razones es porque la Justicia de Dios da una segunda oportunidad al hombre de ponerse a cuentas con El, porque no peco porque quiso pecar sino que fue engañado y cayo. En consecuencia puede alcanzar su destino y así cumplir el propósito para el cual fue creado.

Es diferente la situación de estas potestades: ellos se rebelaron con conocimiento de causa contra el Trono de Dios.

En consecuencia su destino eterno esta sellado para siempre, no hay lugar para otra oportunidad ya que son seres mas poderosos en rango y poder que la débil criatura llamado hombre en relación a ellos.

Así que sienten envidia de esta creación y lo que buscan es que también sigan el mismo destino que a ellos les espera. La lucha es por la eternidad. A donde la debe pasar el hombre, siendo como es un ser inmortal después de esta vida, o con Dios o lejos de el, sin esperanza para siempre.

La obra maestra de Dios en toda la creación: el hombre tiene un adversario que lo aborrece.

Su trabajo limitado por los juicios de Dios, consiste en interferir, trastornar y combatir los planes de misericordia de Dios para con el hombre para que ninguna persona adquiera este conocimiento, ni establezca una relación filial con Dios a través de su Hijo Jesucristo y obtenga la salvación.

Año 2018, Israel cumple 70 años del fin del exilio

Actualmente tiene 66 años de constituido como nación. Se espera con expectativa tener los 70 años, que se dará el 2018, como podemos ver, esta cargada este decenio de cosas y casos espectaculares, en el caso particular de Israel, de sufrir posibles ataques nucleares por parte de sus vecinos que se vienen preparando desde mucho tiempo atrás, para llevar a cabo sus propósitos.

No se trata de un solo enemigo sino que, en esta década de mas de uno, y todos ellos bien armados, bien pertrechados, bien entrenados, y cuentan con el apoyo de una potencia que provee tecnología para construir armas y bombas de destrucción masiva. Son alianzas de países para atacar a Israel.

El lanzar un ataque devastador de todos a una, contra Israel, es uno de los objetivos que persiguen, donde la protección de las ciudades y los civiles quede anulada por la gran cantidad de misiles que dispararían contra esta nación.

El ambiente que se respira en el medio oriente es siempre el mismo: odio, guerras, exterminio masivo, atentados suicidas, en cualquier momento suena la sirena de alarma y la gente tiene que correr a los lugares de refugio instalados para ese fin porque saben que va a caer un misil si no es interceptado antes, no es nada cómodo vivir bajo esa presión todo el tiempo, a pesar de todo eso, Israel continua la normal rutina de su vida como si nada estuviera pasando y todo estuviera bien, y la agricultura es uno de los rubros que mas se desarrolla en esa singular nación, no importa el clima beligerante que se vive, tampoco las hostilidades ni el odio ni la envidia que respiran sus enemigos de afuera, la vida sigue su curso, es el lugar donde hay trabajo para cualquier inmigrante venga de donde venga, si quiere prosperar y ganar dinero y salir adelante, es el país de las oportunidades para los hombres de buena voluntad de ese lado del planeta.

El peso de los organismos Internacionales

La política internacional, la diplomacia las relaciones y los organismos internacionales y los Estados Unidos juegan un papel importante para que no se desate una hecatombe o matanza en el medio oriente.

Ellos mantienen un equilibrio en esa zona tratando de hacer que se respeten los derechos de otras naciones de vivir libremente en orden y respetando la ley.

El mundo también se maneja bajo este esquema, que no se pueden romper las reglas de juego de convivencia pacifica entre naciones, bajo pena de sufrir severas sanciones, tanto diplomáticas, comerciales como económicas, y eso mantiene el equilibrio a duras penas, pero ni aun así en muchos casos algunas naciones haciendo uso de su poderío bélico, se niegan a aceptar el derecho de otras naciones, y hasta llegan a desafiar a los organismos internacionales. Ese es el clima que se vive en algunas latitudes en esta singular década del 2010.

Y esto ayuda a Israel, en el sentido de que los organismos internacionales y la primera potencia mundial controla la carrera armamentista en el medio oriente de forma responsable a pesar de la intervención de potencias extranjeras para la construcción de peligrosas plantas de energía nuclear, la razón para justificar lo que hacen, ellos dicen que es solo con fines "pacíficos".

Pero puede llegar el día en que las cosas cambien, no para bien sino para mal en el sentido de que la carrera armamentista que hay en esa zona, ya no se haga nada para impedirla porque sencillamente no pueden pararla entonces la seguridad nacional de Israel estaría en riesgo.

Las dos caras de la moneda

Hay cosas que amargan la vida tales como tener enemigos gratuitos por puro gusto, el afán de hostilizar sin ninguna aparente razón, causa o circunstancia.

O simplemente por causa de la raza no los aceptan ni como gente ni como nación, y si esa es la idea de los líderes políticos y religiosos podemos afirmar que en cualquier momento se rompen los fuegos y se pueden enfrentar en una guerra cruenta, nada beneficiosa para ninguno de los dos pueblos.

Estas amenazas contra la estabilidad de Israel se hubiesen llevado a cabo a no ser por las sanciones económicas que les aplicarían los países que trabajan con las organizaciones internacionales.

Proclamar "que borrar del mapa en 9 segundos a esta nación o declarar que matar a un judío es un hecho legal" o decir "que tenemos un programa para construir bombas atómicas para lanzarlas contra Israel" ¿en qué contribuye al desarrollo, a la economía y a la paz mundial?

Pero el papel que juegan los organismos internacionales para mantener la paz en el mundo, es muy importante y pesa mucho en la política de todas las naciones y tiene autonomía para declarar legal o ilegal un acto incorrecto ante la opinión publica.

Por otra parte una guerra contra Israel, puede generar un conflicto bélico mundial entre otras naciones que entran al pleito.

Algunas potencias declaran que si atacan a ciertos países ellos inmediatamente entrarían a la guerra y no tendrían ningún reparo en usar armas nucleares y lo mismo sucede con Israel, con la disyuntiva que a medida que pasan las décadas las condiciones para defender a Israel se van haciendo cada vez mas difíciles por parte de sus aliados.

Por otra parte el uso de este tipo de armas atómicas definitivamente afectaría a la tierra, y a toda la población mundial en un supuesto caso que se desate una casi tercera guerra mundial.

Es una situación anormal la que se vive en esa parte del planeta en el sentido de que se va en contra de todo lo que sea progreso, educación, trabajo, salud.

En vez de evitar conflictos y trabajar juntos para el bien de la sociedad mirando cada cual al futuro de su nación, hacen lo contrario, concentran todas sus fuerzas tan solo en como destruir a una nación.

La guerra no es un juego, la vida tampoco ni las actuales generaciones que hoy están en algo, va permanecer para siempre, sino que pasara, dejando las huellas de sus actos, registrado en la historia para las nuevas generaciones que emergen y sufriendo todos los males que los actos bélicos de sus antepasados engendraron y les dejaron a ellos.

Más bien deben procurar la paz que es un ambiente propicio para el desarrollo de los pueblos.

El hacer florecer los desiertos, el construir plantas para transformar el agua del mar en potable, la agricultura, el agro el comercio, sistemas de educación y tantas otras cosas positivas y buenas para el sostenimiento y el crecimiento de la economía, y de las nuevas generaciones, la gente se pregunta el porque ese ensañamiento y escoger aquello que destruye en vez de aquello que construye.

Pero, la realidad es muy distinta, si no fuera por la existencia de organismos internacionales y naciones que hacen pesar su autoridad sobre los demás países de la tierra, hace tiempo que se hubiesen lanzado al ataque contra Israel, pero hay autoridades establecidas sobre la tierra que impiden cualquier atropello y también hay Una autoridad en el cielo que mantiene bajo control al enemigo, e Israel esta siempre bajo inminentes ataques de las naciones vecinas ante los cuales debe estar preparado no obstante esta bajo el cuidado del más alto Dios.

El poder efímero de las armas atómicas

Las palabras "central nuclear", 1000 megavatios, tenemos suficiente uranio para hacer 5 armas nucleares, y luego declaraciones de políticos haciendo alarde de su poder ofensivo sentenciando al país vecino:"que nada salvara a Israel de la destrucción" son una muestra de lo que hacen el sentirse dueño de un arma de destrucción masiva, pero olvidan un importante detalle, el no tener en cuenta al Dios de Israel.

La idea de convivir pacíficamente con otras naciones, parece que no esta en los planes de sus vecinos. Y apoyarse en el poder bélico tampoco es una buena idea, porque siempre hay otro mas fuerte que el que se cree muy fuerte, además esa seguridad que da poseer armas de destrucción masiva y hacer sentir vencedor al tenedor, muchas veces resulta en un preludio de una aplastante derrota, siempre ocurre lo menos pensado, lo improbable y se convierte en una sorpresa inesperada.

En cuanto a Israel en un eventual caso, de que tenga que enfrentar un ataque sorpresivo por parte de sus vecinos y se quede sin el apoyo que antes le brindaban algunas naciones fuertes, tendrá que hacer uso del derecho de legitima defensa, aun cuando cuestionen el derecho que le asiste a cualquier nación del mundo: el de defenderse.

Esa es la cruda e incuestionable realidad, solo cuenta con un Aliado Grande, mucho mas que todas las potencias juntas: Su Dios. Si se apoyan en El, obtendrán la victoria sin lugar a dudas.

Y llegada la hora de la verdad, ante el Dios de Israel, ¿quién, o qué nación o conjunto de naciones podrán matenerse firmes?

Las mentes diferentes
¿Existe la paz en la región del medio oriente? No.

Es una zona en constante tensión y en conflictos, y a medida que pasa el tiempo este temperamento aumenta al punto que siendo una zona donde fácilmente puede desarrollar la agricultura, la ganadería y las fabricas derivados de estos productos; en lugar de ello hay mucha pobreza, enfermedades y no es un medio ambiente adecuado para la implementación de inversiones de capital privado.

LA VISIÓN I

Hay muchas ciudades capitales que antes fueron florecientes hoy se encuentran en ruinas.

La inestabilidad política ahuyenta las inversiones en cualquier parte del mundo, pero como quiera que sea son culturas con sus propias idiosincrasias y creencias religiosas muy diferentes a la de occidente, seria necesario cambiar de mentalidad para aspirar a mejores cosas de la vida que realmente puedan sacar adelante a civilizaciones que se quedaron en el pasado, venerando los tiempos antiguos sin ver la vida y las necesidades humanas, ni el tiempo en que estamos y ponerse al día con la situación contemporánea actual, que es un gran desafío de todos los días, para cada habitante del planeta.

Si vivimos en una época tal, que la guerra es un gran negocio para los que venden tecnología bélica a cualquier país, sin importar el uso que se le pretenda dar, generalmente la forma de decir la razón por la que se compra es "para fines pacíficos" se construye por decir una bomba atómica.

Pero el sistema humano es como si estuviera sin control, y puede que así sea, llevar todas las cosas a solucionar a través de las guerras hasta llegar a estallar en una tercera guerra mundial.

Mas, este flagelo también tiene que terminar, así como nuestro sistema de gobierno humano sobre este planeta e implantar otro dirigido por el que hizo la tierra y la compuso.

De manera que no para siempre prevalecerá la guerra, será finalmente desterrada ni nunca mas se adiestraran para la guerra, cuando se cambie el actual sistema por otro nuevo.(Isaías 2:4)

Se puede decir que la situación geográfica de Israel lo pone en el medio de la tormenta y difícilmente puede salir de allí, tal vez si hubiera estado situado en América del Sur, del Centro o del Norte, quien sabe en cualquier otro lugar del planeta, su situación fuera otra mucho mejor que ahora, tal vez, pero allí fue donde le toco estar.

Israel es un país relativamente pequeño, pero si le declaran la guerra todo el mundo tiene que ver con ello.

El problema es que en esta década del 2010, el uso de la energía atómica siendo tan peligrosa se a vuelto mas común y la tecnología a dado pasos agigantados para producirla en centrales nucleares o plantas de energía atómica cada vez mas sofisticadas.

El temor es que por causa de esto, haya un enfrentamiento entre potencias mundiales y hagan uso cada una de su arsenal nuclear que desde la "guerra fría" las tienen apuntando unos contra otros, y quien sufra las consecuencias es la civilización y de paso dañe nuestro medio ambiente mas de lo que ya esta dañado.

Salvo que cambien de opinión y a ultima hora algunas potencias no se involucren para nada en el pleito y dejen solo a su antiguo aliado.

Al quedarse solo contra el mundo, los enemigos podrían interpretar esto, como algo así: "nuestro dios entrego a Israel en nuestras manos" aunque no es ese el caso, lo único que le queda a Israel es defenderse, pues no tiene mas opción.

Definitivamente no le queda mas remedio, o se defiende o lo invaden y los aplastan. Como quiera que sea, nunca han perdido una guerra, y en esta oportunidad tampoco la perderán así sean mucho mas de dos contra uno, porque Dios peleara por ellos.

Tal vez se piensa, que llevar a cabo esta acción beligerante contra un pequeño país, es la "gran cosa" para tratar de desaparecerlo del mapa para siempre, pero en realidad no lo es, mas bien significa una perdida de vidas humanas inútiles a un costo bien elevado, ademas de la destrucción de ciudades y todo lo que implica una guerra.

El mundo al que se llama irónicamente "adelantado" no ha conseguido erradicar de su propia mentalidad el flagelo de las guerras, ni a logrado una paz consolidada para un mundo mejor, y cambiar esta mentalidad en estos tiempos parece como nadar contra la corriente.

Ese instinto esta arraigado en la naturaleza humana y puede ser extirpado, luego entonces puede producirse una transformación en la naturaleza y llegar a ser a una nueva criatura. (segunda de Corintios 5:17).

Mientras tanto la misma mentalidad, la misma personalidad, el mismo carácter continua maquinando en la misma dirección, en forma irresponsable.

De esta manera la guerra se convierte también en el gran negocio, pero la idea de los dictadores es casi siempre la misma: tener poder totalitario, tener un poder radical y religioso, y establecer un régimen, casi siempre represivo contra aquellos que denuncian las injusticias.

Si eso se persigue, ya lo intentaron otros dictadores y gobernantes mucho antes en otras naciones y fracasaron.

¿Para qué el mundo quiere otro Adolfo Hitler?

Sin embargo muchas naciones en el mundo, incluyendo América latina también tienen sus gobernantes vitalicios y ya no quieren irse, pero a su paso dejan sus países como cuando pasa un huracán.

Pero de estas lecciones no se aprenden, seguirán apareciendo y desapareciendo cada década, cada temporada y lo único que dejaran son economías quebradas y problemas sociales por todas partes.

En este tiempo se quiere ir contra Israel sin medir las consecuencias, nada importa, ni la cultura, ni el hecho de ser gente civilizada, ni tampoco el resto de las naciones del mundo, ni lo que es una vida entre seres humanos buscando la paz, no, el único fin es que Israel nunca mas vuelva a ser nación, el costo cuando se trata de ellos, es lo de menos, cualquier cosa es licita si va contra Israel según esa pobre mentalidad.

Israel en el terreno de la hipótesis.

En caso de un conflicto bélico, Israel no podría defenderse de los bombardeos ni con el el sistema de defensa antimisiles "cúpula de hierro".

Sencillamente seria imposible, solo un milagro del poder de Dios impediría la lluvia de misiles que caigan sobre Israel.

En segundo lugar tendría que luchar por los cuatro frentes, para defender su territorio, ya que no se trata de un solo flanco sino que es una invasión por los cuatro puntos cardinales y no solo eso también habría un frente mas, no considerado entre los puntos cardinales; tendría que hacer frente también a la invasión por los túneles.

Y eso realmente escapa a todo sentido de justicia, de equidad, de lo que es humano, es como llegar al límite de la raza humana ir mas allá no sabemos como se le puede llamar.

Supuestamente tienen la bomba atómica lista para lanzarla contra esta nación si fallan todas sus estrategias. Esto no esta descartado, pues para eso han trabajado décadas enteras para producirla y han gastado mucho dinero y recursos en sus asesores.

El panorama sombrío para Israel

Desde el punto de vista de los analistas Israel no tiene ni siquiera una opción de levantarse con una contundente victoria, como en casos anteriores ya que hoy supuestamente todas esas naciones juntas cuentan también con el concurso de algunas potencias mundiales, que han llevado sus ejércitos para combatir contra Israel.

En consecuencia ya no se trata de dos o cinco o cuatro países de su alrededor, sino de una confederación de naciones fuertes y otras que se suman a una gran invasión al territorio de Israel, que es bien diferente a épocas pasadas.

La realidad es que esta vez, lo que siempre han querido los enemigos de Israel ellos tienen todas las posibilidades de llegar a conseguirlo.

LA VISIÓN I

Así que visto el caso de Israel, sus posibilidades de ganar son cero. Las de perder, cien por ciento. ¿La lógica? sencillo superioridad numérica de efectivos, armamento moderno, lanza misiles y armas sofisticadas al por mayor.

¿Una solución pacífica sobre la mesa de las negociaciones?

Que los vencidos firmen la rendición oficial y que la nación de Israel quede sin efecto jurídico legal y deje de existir como país, en otras palabras, el acta de defunción de este país.

El costo: perder su territorio, sufrir el segundo holocausto, y los sobrevivientes vivir como desterrados sobre la tierra.

Israel, fue borrado del mapa para siempre y nunca mas se volverá a levantar. Es esto precisamente lo que quieren los adversarios de Dios: ver a Israel derrotado como si la palabra de Dios no existiera.

Si esto fuera tal y conforme lo han planeado y preparado entonces desbarataría la teología bíblica y la escatología acerca de los eventos cercanos a cumplirse proféticamente.

Entonces, ¿qué tan importante resulta la década del 2010 para el mundo, para Israel y para los adversarios de Israel?

¿Qué tan importante es esta guerra que esta en camino entre esta nación y la gran confederación de naciones para el mundo?

Numero uno: Que Dios respaldara su palabra y que ni una tilde ni una palabra sobre todo lo dicho acerca de su pueblo Israel, caerá a tierra sino que se cumplirá fielmente y con exactitud, para proteger y guardar a esta nación y ponerla como cabeza de naciones.

Es tan importante que dada la difícil situación critica y los momentos dramáticos de su historia hará posible dos cosas: La intervención divina en los hechos para reivindicar a este pueblo ante los ojos de todas las naciones.

Y segundo: La segunda venida de Cristo, descenderá con gran poder y gloria y asentara sus pies sobre el monte de los Olivos y este se partirá en dos haciendo un gran valle.(Zacarías 14:4)

Realmente esta guerra es la que marca el fin del poder humano sobre la tierra. Y da inicio a otra nueva no conocida por el hombre.

No obstante hay una obstinación cerrada para llevar a cabo todas estas acciones, ya nada puede detener a toda esta maquinaria de guerra, solo están en compás de espera hasta que esta nación quede sin ningún apoyo internacional de sus antiguos aliados sobre la tierra, eso es lo que esperan que llegue pronto y en eso están trabajando.

Cuando eso suceda entonces será como una señal de ataque y para Israel será la hora cero.

El terreno de los impensables:
Los elementos de la naturaleza

¿Qué venció a los alemanes el ejercito mas poderoso del mundo en aquel entonces, en la invasión a Rusia? ¿Fueron los rusos o el crudo invierno que llego a esa nación ante un ejercito con ropa de verano?

El ejercito más poderoso de la tierra en aquel entonces fue vencido por el crudo invierno en primer lugar, luego por el ejercito Ruso. Increíble, pero cierto.

Son los imponderables de los grandes sucesos. Y no es el único, pero para muestra basta un botón.

Un terremoto

Grado 9 en Fukushima, Japón en Marzo del 2011 que afecto la central nuclear del mismo lugar, y posteriormente un tsunami iniciada tras el terremoto, que provocó la masiva liberación de material radioactivo al medio ambiente trayendo graves consecuencias sobre la salud, la agricultura, la ganadería, y la evacuación de miles de sobrevivientes de la zona, declarada en emergencia.

Hasta hoy, los que quedaron y aun la flora y la fauna tienen mutaciones y enfermedades cancerígenas, así como se sigue luchando por los escapes de agua contaminada.

¿Se pensó en que algo así iba a suceder en ese lugar?

No, son las cosas imprevisibles de la propia naturaleza, ante las cuales el hombre esta indefenso, ni aun poseyendo bombas atómicas ni formando un poderoso ejercito con gente de todas las naciones.

Las tormentas solares de gran envergadura

Que así nomas, no suceden pero pueden dañar reactores atómicos, así como las redes eléctricas y los sistemas de comunicación ya que son elementos sensible a este tipo ondas electromagnéticas.

Estos son algunos factores que nunca han tenido en cuenta todos los países que actúan en contra de Israel, los imponderables de la vida, el frío, un terremoto, una tormenta, un huracán, una ola extrema de calor, o la carencia de agua; solo han puesto toda su confianza en su arsenal bélico atómico y no han considerado para nada al Dios de Israel.

El análisis critico

La construcción de una bomba atómica, siempre representa un gran peligro para la nación que la posee.

Ucrania con "Chernobyl" Y Japón con "Fukushima" nunca pensaron en los imprevistos de los agentes de la naturaleza, y un movimiento telúrico fue suficiente para afectar seriamente esas naciones, y hubo escape de radiación a 20 Kilómetros a la redonda.

¿Qué significa esto?

Que las sorpresas en la vida, existen, y llegan cuando menos se piensan y cuando menos se esperan.

Desde el punto de vista natural los planes que tienen las naciones que quieren ir contra Israel, no pueden fallar, el potencial bélico es grande, la preparación militar lleva mucho tiempo y las armas sofisticadas son con los últimos adelantos tecnológicos, que seria imposible fallar.

Pero…hay que aprender de la historia y la intervención de fenómenos naturales en la escena del conflicto bélico, o de lugares que se pensaron que eran completamente seguros y de pronto basto un movimiento telúrico para demostrar que no eran tan seguros como se creía, también que las armas de un gran ejercito no sirven de nada para luchar contra los agentes de la naturaleza.

Considerar en la agenda la posibilidad de que lo fortuito puede parar a la nación o confederación de naciones mejor armada y mas grande del mundo, que decidan aniquilar a este pequeño pueblo, y estar preparados también para una eventual derrota no programada, para evitar desastres mayores, si es que eso se viene.

Considerar si hubiera tiempo, que el resultado cantado y proclamado a los 4 vientos antes de entrar a la guerra, como una contundente victoria pueda transformarse, debido a la intervención de agentes sobrenaturales, en una aplastante derrota, ¿puede ser eso posible?

Son las sorpresas que tiene la vida.

Considerar las palabras del Dios de Israel

"Pues los plantare sobre su tierra y nunca mas serán arrancados de su tierra que yo les di, ha dicho Jehová Dios tuyo" Amos 9:14

¿Para cuándo será esta promesa?

¿Para dentro de un milenio mas? No es posible, porque tenemos encima el cambio climático como una seria amenaza; tenemos también la crisis económica global que esta siempre a la expectativa y las cuestiones políticas y la lucha contra el terror y los

LA VISIÓN I

grupos organizados que amenazan la estabilidad de algunos países del medio oriente y también al mundo, mil años este planeta no resiste, a menos que Jesucristo regrese de nuevo e imponga el orden y la justicia y un periodo de paz sobre este mundo, en ese caso la promesa cumplida no tiene límite de tiempo, porque ya no importa.

Esta venida se espera con mucho anhelo, es realmente imperativa.

El mundo clama por un Salvador que venga con el cetro de Justicia en su mano e imponga su reino sobre la tierra y todo va cambiar para bien de la humanidad.

En consecuencia, este es el tiempo, Israel no tiene capacidad bélica para enfrentarse a un grupo de naciones árabes o a una confederación de naciones comandadas por las potencias mundiales actuales, no hay un punto de comparación, ni por la cantidad de efectivos, ni por el armamento ni por los equipos ni los pertrechos, no es nada en el terreno de los hechos pero…tiene a Dios que pelea por ellos, como peleo contra los ejércitos de Faraón para liberar a su pueblo de la esclavitud y lo saco de Egipto, de la misma manera peleara por Israel para que permanezca en la tierra que le ha dado; sin importar quien o quienes vayan contra el, ni tampoco teniendo el armamento mas moderno del mundo.

Se pueden juntar las confederaciones y hacer un numeroso ejercito para aplastar a Israel; pero ¿qué significa esto para Dios?

"¿Estará firme tu Corazon? ¿Serán Fuertes tus manos en los días en que yo proceda contra ti? Yo Jehová he hablado, y lo haré. (Ezequiel 22:14).

Probablemente, ninguna de estas posibilidades han sido tenidas en cuenta, los cálculos se han hecho basados solo en el potencial bélico en el terreno de lo natural para enfrentar a un pueblo elegido para llevar a cabo un propósito divino, que tiene a un Dios Sobrenatural.

Recién constituido como estado enfrento una primera guerra contra sus antiguos enemigos, parecía "pan comido" pero para sorpresa de todos obtuvo una contundente victoria y derroto a sus enemigos sin explicación alguna, ¿cómo lo hizo? sólo con la ayuda de Dios.

Y esta vez no será diferente, puede ser la fuerza bélica mas grande del mundo, o de mayores proporciones que las anteriores, pero, ¿eso que es para Dios?

El resultado siempre será el mismo, porque Dios esta de por medio.

¿No es lo más salomónico evitar la guerra y buscar la paz trabajando juntos para el bienestar común sabiendo ya de antemano el resultado?

¿No es mejor construir juntos un mundo mejor que pensar en planear guerras para matarse unos a otros?

Son países que tienen algo en común: juventud y familias con esperanzas de alcanzar un futuro mejor, ¿por qué no hacer planes de cooperación unidos a fin de erradicar la pobreza y alcanzar un mejor nivel de vida?

Un análisis

Obviamente, si no se tienen en cuenta las lecciones del pasado ni las lecciones de la historia, vamos con los ojos vendados a meternos en un gran lío.

El exceso de confianza, debido a las armas nucleares, los misiles guiados por GPS y la capacidad bélica, dan siempre ese espíritu de triunfalismo que crean una falsa atmósfera de vencedores, y empiezan a vivir en un mundo de fantasías, tanto así que antes de llevar a cabo sus planes se reparten los bienes inmuebles, las tierras de cultivo, las grandes industrias, los Bancos y los negocios prósperos entre la elite de los que están comandando el plan y ni que decir de las riquezas materiales.

Esa falsa seguridad es lo que casi siempre precede al fracaso.

LA VISIÓN I

El armamento que poseen es un argumento fuerte y disuasivo para atemorizar a cualquier nación y realmente tienen el potencial necesario, para hacer con Israel, todo lo que ellos han dicho.

De allí nace ese espíritu de triunfalismo.

A esto hay que añadir, el apoyo incondicional de algunas potencias mundiales, con millones de soldados, bien equipados con todo y en todo, ademas de contar con los aliados suyos con las mismas ideas, el mismo objetivo marchan como un solo hombre completamente identificados en sus motivos.

No obstante el Dios de Israel esta como poderoso gigante al lado de su pueblo, si prestamos atención a estas palabras dichas desde siglos atrás, parecería que es en esta década del 2010, que las hubiera pronunciado:

"En aquel tiempo, cuando mi pueblo Israel habite con seguridad, ¿no lo sabrás tú?" Vendrás de tu lugar, de las regiones del norte, tú y muchos pueblos contigo, todos ellos a caballo, gran multitud y poderoso ejército"

"Y subirás contra mi pueblo Israel como nublado para cubrir la tierra; será al cabo de los días; y te traeré sobre mi tierra, para que las naciones me conozcan, cuando sea santificado en ti, oh Gogh, delante de sus ojos" (Ezequiel 38:14, 15 y 16)

El gran problema es que no es un enfrentamiento común como con cualquier otra nación de la tierra, sino enfrentan al Dios de Israel, Jehová de los Ejércitos.

El es el Dios de lo sobrenatural, Señor de los elementos de la naturaleza, y de las leyes físicas y químicas que rigen en este universo y el que da la victoria a Israel.

El poder de lo sobrenatural contra lo natural, en el aspecto humano, razonable, el sentido común da su fallo matemático en base a la vista y dice:"Es inútil toda Resistencia"Sin la intervención de un agente sobre- natural, el resultado no cambia es exactamente tal como han dicho.

Pero puede ser diferente el resultado, si interviene El Dios de lo sobre- natural, y puede transformar la cantada victoria, en una aplastante derrota jamás esperada; desde el punto de vista natural, es imposible que esto pueda suceder, por la superioridad numérica y el armamento sofisticado y las armas nucleares que posee, lo hacen, sencillamente poderoso, casi invencible pero ante el supereminente poder de Dios, y la promesa de proteger a su pueblo, entonces cambia totalmente el panorama.

Si tomamos esta premisa, que es valida, luchar contra Israel, quien quiera que sea, implica también, luchar contra Dios; y desafiar a Dios, es algo temerario y fatal, puede ser uno de los errores mas grandes que puede cometer el ser humano y el ultimo: el desafiar a Dios.

Y considero que la mayor parte de personas sensatas comparten este punto de vista pero también hay excepciones.

El Arsenal de Armas de Dios

No son armas atómicas, ni los antiguos fusiles K-47, ni misiles con cabezas nucleares, ni tanques, ni camiones blindados, ni buques acorazados, ni aviones; nada de eso, Dios no necesita ese tipo de cosas.

El usa los elementos de la naturaleza, de una manera increíble y su supereminente poder para entrar a la batalla y sobre todas las cosas, su sabiduría es inconmensurable, y combate con el agua, con el fuego, la lluvia, el granizo, la tempestad, la nieve, los terremotos, los ángeles y Arcángeles, la pestilencia, la ceguera la locura, y cosas que no han subido al pensamiento del hombre y ademas de todas las cosas, el mismo planea todos estos acontecimientos históricos para sacar a juicio la verdad y establecer el derecho entre los pueblos.

Desafiar al que conoce la naturaleza humana es contrario a la lógica o al orden habitual de las cosas.

LA VISIÓN I

Hablamos de un arsenal de armas, que no puede ser imaginado en términos humanos pero real, son fuerzas activas y vigentes al servicio de Dios y de su pueblo.

Sólo esperan ordenes para actuar.

Ahora, ¿pueden competir con ellas los poderes de la tierra en la dimensión del mundo natural?

De ninguna manera, se puede ver claramente que es otro nivel mayor al humano, no conocido por el hombre y completamente vedado para el conocimiento humano.

Israel regreso a su tierra en 1948, en agosto del 2012, Israel cumple 64 años como nación, en base a las promesas de Dios, de volverlos a reunir sobre su tierra.

"Cuando recoja a la casa de Israel de los pueblos entre los cuales está esparcida…"(Ezequiel 28:25,26.)

En la década del 2000, las cosas son diferentes, el número de adversarios ha crecido y han utilizado las redes sociales para hacer propaganda tendenciosa antisemita por todo el mundo, con el propósito de ganar adeptos a favor de su causa.

Y a esto hay que añadir, las alianzas que han formado y algunas potencias mundiales que se han unido contra Israel, pero el Rey David, miles de años antes, describe esta escena de forma magistral en el salmo 83, versos 3 y 4:

"Contra tu pueblo han consultado astuta y secretamente, Y han entrado en consejo contra tus protegidos. Han dicho: Venid, y destruyamos para que no sean nación, Y no haya más memoria del nombre de Israel"

Después de 64 años de cumplir la palabra empeñada por parte de Dios a su pueblo Israel; después de volverlos a reunir desde el año 70 D.C. que fueron dispersados, y volverlos a plantar en la misma tierra que Dios dio a su siervo Abraham nos preguntamos: Habrá entonces, una tercera dispersión de los Judíos, ¿puede el hombre ir contra lo que Dios a decretado en sus consejos eternos y sencillamente aniquilar a Israel? ¿puede permanecer en pie el hombre cuando Dios proceda contra él?

¿Hasta cuando seguirá oyendo injurias de naciones y llevara insultos y afrenta de pueblos?

Hay dos referencias claras en la Biblia acerca de estos puntos:

Primero: Todas las naciones que no son de la raza israelita se les llama en la Biblia "gentiles".

Es la gente común, el termino bíblico que se usa para denominar a las personas de otros países donde también hay millones cristianos, que adoran al Dios de Israel, pero aun faltan muchos mas que abracen la salvación y este tiempo durara "hasta que haya entrado la plenitud de los gentiles" (Roman. 11:25)

Y segunda cosa es que, "cuando se acabe la dispersión del poder del pueblo santo" Dan.12:7. Este acontecimiento terminó hace 64 años.

¿Qué es lo que esta pasando actualmente en el medio oriente?

El único objetivo que persiguen es luchar contra Israel, derrotarlo y hacerlo desaparecer como nación, esa es su gran obsesión y gastan fortunas millonarias en programas para fines bélicos exclusivamente con este fin.

Y allí están embarcados en empresas que tienen que ver solo con la guerra, la intolerancia religiosa, las cuestiones políticas mientras la población necesita trabajo, programas de salud, educación alimentos baratos.

En Israel sucede todo lo contrario, a pesar de todo lo que se respira fuera de sus fronteras, adentro el ambiente es otro completamente diferente: esta recibiendo hoy mas inmigrantes que nunca, y todos los judíos asombrosamente están regresando a su tierra desde Europa, América central y distintos países del mundo como si todo estuviera bien.

Si la dispersión de los Judíos se acabo hace tiempo, y estamos a 6 años para que se cumplan 70 años de haber regresado a su tierra (será en 2018), ¿qué acontecimientos mundiales tendrían lugar en esa fecha muy significativa para este pueblo?

Después de ese año o antes, todo puede suceder, es posible que todos estos acontecimientos profetizados en la Biblia se cumplan.

Todo lo que pasa en relación a esta pequeña nación mas conocida como:"el reloj del tiempo " tiene que ver con los tiempos peligrosos que la tierra vive, de manera que los sucesos que sacuden a la gente y la tensión entre naciones se están alineando poco a poco hasta que se alinean en una constelación de la misma manera que se alinean los planetas en referencia al sol y cualquier cosa puede suceder.

Israel A.C. estuvo en el cautiverio, en Babilonia y después de 70 años fue liberado y regreso a su Pais.

Y siempre 70 años para esta nación, han marcado historia y han sucedido cosas de trascendencia por lo tanto: Agosto 2018 es un año clave para la historia, y por lo que pueda pasar con Israel y a nivel mundial.

Otra de ellas es la segunda venida de Cristo. Nadie puede poner una fecha, tampoco día ni hora, las señales que ocurren solo nos dicen que esta cerca y que los tiempos se han acortado por lo tanto los creyentes tienen que estar preparados porque día ni hora nadie sabe.

Sólo se sabe que vendrá con poder y gran gloria rodeado de sus ángeles de poder y con una multitud de creyentes de todos los pueblos lenguas y naciones.

C. Antonio Urbina

El suceso mas inesperado del mundo: La invasión y la toma de Israel

Esto ya se ve como un hecho, y nadie lo duda que lo llevaran a cabo, y no será una sola nación, sino que una confederación de naciones, que ira contra Israel, a quien ningún organismo internacional podrá parar, aun cuando levante su voz de protesta y denuncie este genocidio ante la opinión publica internacional.

Esta confederación de ejércitos de muchas naciones hará caso omiso de cualquier oposición a sus planes venga de quien venga y marchara obstinadamente contra esta pequeña nación para hacer su voluntad, y atemorizara al mundo, por el poderío de las armas que porta para consumar sus planes de destrucción.

Con un gran ejercito de potencias mundiales y las de las naciones enemigas de Israel, tal vez no será necesario siquiera que disparen un solo tiro debido a la superioridad numérica. Simplemente acamparan sobre los montes de Israel, un lugar estratégico para observar a su presa y preparar a la tropa para que haga su trabajo, ante los ojos de los comandantes, capitanes y todo el ejercito del pueblo Judío, que están decididos a luchar hasta morir para defender sus familias, sus tierras y su nación. Y de noche, sin mas miramientos ni dilatar mas el tiempo de acabar con Israel, todas las tropas enemigas caerán como un gran ejercito de langostas sobre este pequeño pueblo.

Al amanecer la ciudad de Jerusalem habrá sido tomada, la resistencia cayo y las casas son saqueadas entre gritos de victoria y regocijo, las mujeres como es de esperar en estos casos de guerra, son violadas y capturan casi la mitad de la ciudad para llevarla cautiva, pero la otra mitad huye.

Jerusalem la ciudad mas importante de Israel es aplastado por el enemigo, (solo hasta la mitad) mientras las tropas detienen a todos los gobernantes, los líderes políticos y a todos los militares de alto rango para ejecutarlos juntos, y registran todos los posibles lugares donde podrían estar escondidos, mientras tanto sobre los montes de Israel al caer la noche, el alto mando celebra como una

LA VISIÓN I

victoria sin precedentes la toma de esta ciudad de este país en tiempo récord, y se jactan de su gran poderío, dan día de festejo por esa media victoria a todas las tropas, y deciden esperar el regreso del grueso del ejercito para salir a terminar con todo el pueblo Judío y repartirse el país para que sea borrado del mapa y nunca mas vuelva a ser nación,.

Al atardecer, ya de noche, empiezan a regresar las tropas, después del saqueo y demás barbaridades cometidas en la ciudad, y cada vez se hace mayor ese campamento, mientras los que dirigen la invasión revisan los mapas de Israel y desde sus escritorios fijan el "día final" para esta nación.

Los planes son salir todas las tropas que están acampadas, con todos sus equipos y pertrechos y registrar todo el país sin dejar ningún rincón, ninguna montaña, ningún lugar donde se puedan esconder, y a todo el que encuentren lo tomen prisionero para llevarlo a un campo de concentración.

Y al ejercito, la aviación y todo efectivo armado de Israel, sencillamente, al caer la noche liquidarlo.

Pueden tardar una semana o un mes pero, se puede continuar con olas de registro casa por casa en la ciudad y fuera de ella, el objetivo es "limpiar la ciudad y los campos".

Todas las tropas que tomaron la ciudad de Jerusalem como muestra de su gran poderío indefectiblemente deben regresar al campamento de inmediato con la gente cautiva, y deben entregar todo el "botín" a sus superiores y esperar instrucciones sobre la" segunda fase mayor" por lo que deben estar preparados, esta vez ya no se trata de tomar la ciudad de Jerusalem, sino todo el Pais con todo lo que ello implica.

Así que las potencias que comandan este acto bélico, están al mando de las tropas y planean bien todo antes de entrar en acción y cuidan que se cumplan sus ordenes sin romper la disciplina y fijan tres días de preparación antes de llevar a cabo la "operación limpieza".

Y realmente lo van a llevar a cabo, sin ningún problema, y van a efectuar todo lo que han planeado contra Israel, a menos que Alguien los pare en seco, salieron como caballos de carrera, impresionantes, corrieron la primera milla a un tiempo récord y tomaron la mitad de la vieja ciudad de Jerusalem, pero después de la primera milla, su llegada a la meta, no puede estar tan segura conforme ellos creen.

Veamos las causas

Las cosas pueden cambiar drásticamente si el Señor de los elementos y de lo sobrenatural entra en escena.

Sobre los montes de Israel se ve una gran multitud de gente armada preparados para recorrer los cuatro puntos cardinales del país, y dar la estocada final al corazón de este pueblo Judío.

Ahora mas que nunca están completamente seguros de su poderío y su grandeza que nada ni nadie podrá detenerlos, según su propia opinión y allí esta todo ese realmente gran ejercito armado como si se tratara de tomar a un país tremendamente poderoso, y quien sabe, que eso es precisamente Israel, así sea uno de los países mas pequeños de la tierra.

Solo esperan el nuevo amanecer para salir como fieras a cumplir "su deber" y la mañana empieza a llegar… ¿pero saldrán?

Quien sabe el ángel de Jehová se ponga en el medio del camino, ¿y podrán enfrentar a lo sobrenatural?

Análisis de la invasión confederada

En un día dado, las potencias de la tierra y los países del medio oriente, enemigos declarados de Israel, deciden acabar, de una vez por todas con este especial pueblo y llevar a cabo todos sus nefastos planes y todas sus amenazas.

Pero, lo que este poderoso ejercito de muchas naciones grandes y pequeñas no saben; es que ellos no vienen por si mismos; sino que Dios los trae al campo de batalla a cumplir lo que desde tiempos antiguos profetizaron acerca de ellos, los profetas de Israel.

El punto de convergencia, son los montes de Israel.

De otra manera no encontrarían otro lugar donde acantonar las tropas, artillería pesada, la caballería, los tanques blindados, los miles de camiones lanza misiles, carros de guerra y un gran ejercito de muchos pueblos con los K-47 tradicionales, las ametralladoras, morteros y muchas mas armas de guerra, nunca antes vistas, ya listos para el ataque.

El sombrío panorama para Israel

Ante un adversario, que viene con multitud de gente de otros pueblos y naciones, ¿podrán encontrar resistencia los ejércitos invasores?

El caso es "uno solo contra el mundo". ¿Será posible encontrar resistencia?

La respuesta es simple: En absoluto. La superioridad numérica es abismal. La tecnología bélica es de lo mas sofisticado y hasta pueden tener armas recién inventadas. La cantidad de armamento que poseen es sencillamente, grande. Los equipos pesados de transportes, son impresionantes.

Hablar de "resistencia" es por demás.

Desde desde el punto de vista natural todas las tropas que han salido a invadir Israel, están totalmente convencidas que reducirán en el tiempo que quieran al débil ejercito Israeli.

Saben perfectamente bien que toda resistencia es inútil debido a la superioridad numérica. Muchos hablan de tomar un pequeño entrenamiento con los Israelitas, debido a la superioridad en todos los campos.

Mientras tanto, los montes de Israel están cada vez mas llenos de todos los aparatos de la Guerra, caballos, camiones, tanques y un grandioso ejercito venido del norte de Israel así como de tierras lejanas, y los países del medio oriente que se han sumado al ataque, esta vez quieren asegurarse de que no van a fallar.

Y las capitales de los enemigos acérrimos de Israel, están celebrando la parcial victoria sobre la mitad de la vieja ciudad de Jerusalem, tomada, saqueada, y todas las demás cosas que involucran un acto de guerra, donde ya no existe la ley ni el derecho para los cautivos.

Se jactan de su poderío y utilizan frases de los antiguos conquistadores: "vine, vi y vencí, tampoco nuestro ejercito tiene bajas", de modo que antes de empezar realmente la guerra, ya se declaran ganadores sin haber estado en el teatro de las operaciones, y sobre esas falsas ilusiones levantan canción de triunfo.

Motivo por el cual en las capitales de sus países ondean las banderas en todas las casas y la gente por la calle portando banderas también y cantando su himno nacional, recorren por las calles llenos de felicidad, para ellos son días festivos e improvisan un desfile con carros alegóricos seguidos por una fila de todo tipo de carros, bicicletas y viejas motos que abundan en esos países, pero se apresuran a celebrar una victoria que puede transformarse en una gran derrota en el campo de batalla a la hora de la verdad.

Mientras tanto sobre los montes de Israel

Desde lejos se puede ver que hay un gran contingente de tropas en continuo movimiento y un gran ejército empieza a tomar sus lugar, caballería, infantería, artillería, camiones lanza misiles de aire y tierra, y poco a poco se va armando un gigantesco ejercito, bien alineado, con sus uniformes de combate impecables, los botines de guerra impresionantes, los cascos de seguridad para protección de la cabeza bien ajustados y todos correctamente en linea, atrás le siguen el cuerpo de armamento pesado: los gigantescos tanques y otras divisiones menores, pero están todos formados en linea antes de empezar esta segunda y ultima etapa que puede durar de 15 a 30 días más, y después de Israel solo habrá quedado su recuerdo para la historia como si fuera un cuento: "hubo una vez un pais llamado Israel…"

LA VISIÓN I

Están allí inmóviles como soldaditos de plomo bien elegantes como si se tratara de ir a una fiesta de gala, de graduación o de cumpleaños, impacientes por entrar en acción, aun no amanece solo se escucha a lo lejos el rugido de las fieras y escuchan también el graznido de las aves de carroña, volar sobre ese gran ejercito.

Solo esperan la orden para empezar con la segunda y ultima etapa de la fase final denominada:"limpieza", esas fueron las ordenes del alto mando después que tomaron la mitad de la vieja ciudad de Jerusalem.

La idea es registrar casa por casa, confiscar todos los bienes, capturar a los prófugos, ir por las montañas y sacar de allí a los que estén escondidos en las cuevas, a todos los rebeldes y los militares si no presentan batalla capturarlos vivos y traerlos como prisioneros destinados a trabajos agrícolas en los campos que serán propiedad de la confederación de ejércitos de todas las naciones que participaron en la guerra.

Al resto capturarlos y confinarlos en campos de concentración y a otra cantidad de gente someterlos a trabajos forzados.

Este es el plan denominado "operación limpieza", empezando por la otra mitad de la vieja ciudad de Jerusalem que aun falta conquistar.

Se sabe que han huido hacia el interior del país por lo que es necesario ir en busca de ellos y sus familias, buscarlos, encontrarlos y traerlos vivos.

Se debe evitar actos de barbarie para que la prensa no acuse al "gran ejercito de "genocida", de modo que prohiben terminantemente a todas sus tropas que no se involucren en actos de barbarie, porque los generales que dirigen la guerra son los responsables ante la opinión publica y no quieren quedar desacreditados ante el mundo.

Ellos temen a la opinión internacional porque después pueden ser llevados al banquillo de los acusados, y ser juzgados como criminales de guerra y de exterminio masivo de Judíos.

¿Cuál es la proyección hacia el futuro cercano?

En el supuesto de los casos que esto se concretara pronto, la mayor parte de analistas inmediatamente haría oír su voz:

Al estar finalizando la década del 2010 el mundo esta convulsionado porque nunca se pensó que un día como este existiría sobre la tierra, pero llego como un tornado cuando menos se esperaba para poner de cabeza a las civilizaciones.

Numero uno: es tan grande este movimiento armado antisemita, que aunque los organismos internacionales intervengan para tratar de pararlos o dictar medidas para preservar la vida de toda una nación, es sencillamente imposible. Cualquier intento de hacerlo seria inútil, lo único que argumentarían seria que van a tomar el país para "fines pacíficos"

Numero dos: Una invasión de tal magnitud sobre una nación libre y soberana quiebra todos los derechos humanos y la libertad soberana de los pueblos. Aunque todos lo saben y lo denuncian, es todo lo que pueden hacer. Es como querer detener a un hombre armado que quiere traspasar los linderos de una propiedad ajena y una vez dentro de la propiedad diga que es suya.

Y tercero: Ante este atropello, la prensa internacional levanta su voz de protesta, pero es como cantar en el desierto.

Ante esta perspectiva bélica, aun cuando nada se pueda hacer para detener esta barbarie, el mundo reacciona tratando de dar una salida antes que empiece la "fase final" anunciada por esta poderosa fuerza armada, y lo que recomiendan los organismos internacionales es una "rendición con honor"

Pero decir que Israel se va a rendir, porque toda resistencia es por demás, así fuera inútil, nunca se rendirá y aunque sea una masacre, luchara como lo haría cualquier otra persona, llegado el caso porque es un asunto de dignidad nacional.

Ante una eventualidad como esta de alerta roja, inevitablemente hay guerra no importa la superioridad numérica, ni el armamento, ni las bombas, ni las amenazas, no nada de eso importa porque esta de por medio, el territorio de la nación, la vida de todo un pueblo, y como si fuera poco, su constitución como estado soberano reconocido por todo el mundo.

La superioridad numérica, el armamento sofisticado, las amenazas de hacer explotar misiles con cabezas nucleares, o la cantidad de tropas ante las cuales tenga que enfrentarse, no ninguna de esas amenazas servirán para amedrentar, o disuadir a Israel, la respuesta ante el planteamiento del enemigo y de algunos organismos internacionales es bien clara:" se plantara firme y peleara varonilmente para defender su patrimonio que por derecho le corresponde, pues es la heredad que Dios le dio."

Mientras los noticieros internacionales mantienen informando a la opinión publica; en Israel la tensión aumenta, pero también cualquier movimiento, reunión, o evento dentro de esa nación, inmediatamente es transmitido por las cadenas de TV o los noticieros y así día y noche la gente de todo el mundo sigue con expectativa todo lo que puede pasar en Israel.

El arma secreta y demoledora de los Judíos

Puede ocurrir, que los judíos agarren un arma muy eficaz para defenderse y volver a repetir la victoria, como siempre lo han hecho. ¿Qué arma es esa?

Es el arma de la oración, y es también el arma de los cristianos, a la que Dios responde cuando se hace en nombre de Jesucristo.

Y los noticieros informan que los Judíos lloran clamando a su Dios con gran clamor y lagrimas en el nombre de Jesús. En las primeras paginas de los diarios salen con letras grandes "Israel llora con gran clamor y lagrimas a su Dios en nombre del Señor Jesucristo" Para salvar a su país.(Zacarías 12:10)

Las noticias continúan "Están clamando a Dios grandemente, para que los ayude en esta hora" "Los cristianos de todo el mundo se están uniendo en oración, día y noche y en ayuno, a favor del pueblo de Dios"

Para Israel es el día de angustia y de clamor, es el día largo de la historia y saben que si sucede será el segundo "holocausto.

Para el mundo, una gran parte espera que pase lo peor sin poder impedirlo; y a otra, no le importa, en las calles, en los restaurantes, los supermercados, la gente habla de "Genocidio". El mundo esta dividido y los países también, pero esta en crisis por el estado delicado y conflictivo sobre esta cuestión del pueblo Judío

Otro tipo de adversarios

Grupos anticristianos cuestionan en esta hora critica a los Judíos plantean una interrogante: "Si ellos afirman que nunca mas serán dispersados por mandato de Dios, que nadie los moverá de su lugar; lo que vemos ahora, no es otra cosa que eso, preguntamos a los Judíos y a los cristianos.. ¿Qué paso entonces? ¿dónde está su Dios?

Puede ser posible que se den estas posturas en situaciones tan difíciles como estas, donde los adversarios hacen leña del árbol caído, en el que sacan a relucir también toda clase de argumentos contra la palabra de Dios.

No obstante es parte que trae una amenaza radical contra este pueblo y tal vez salgan a luz muchos otros detractores.

Las palabras de Dios y sus promesas son firmes

Creer que ante una situación difícil como la que se encuentra Israel, o que el impresionante ejercito que esta sobre los montes de Israel extraordinariamente armado, las palabras de todos los enemigos de Cristo cuestionando las promesas firmes de Dios con respecto a este pueblo, ¿son una sorpresa para Dios? ¿y que cambiará entonces todos sus planes para hacer bien a esta nación?

LA VISIÓN I

La verdad es muy distinta a todos estos conceptos erróneos acerca de sus promesas, ignorando las escrituras y el poder de Dios.

Dios mantendrá todas sus promesas y sus planes firmes con respecto a la nación de Israel, eso nunca cambiara.

No importa que el enemigo venga como río, tampoco cuantas potencias y cuantas naciones se hallan unido en contra de su pueblo, ni mucho menos los grandes y poderosos ejércitos con que cuentan ; cualquiera que sea el caso, Dios mantendrá su promesa y el Espíritu de Dios levantara bandera contra el grandioso enemigo de Israel.

Dios peleara por su pueblo y lo salvará y humillará la altanería de sus enemigos ante los ojos de las naciones.

Las tácticas del enemigo entorpecidas

La primera de ellas, fue, la de disparar miles de misiles sobre Tel-Aviv y así eliminarlos pero el problema era que no tendrían argumento para defender esa posición ante la opinión publica y serian acusados de "genocidas" si dudas ni murmuraciones, para llevarlos después, ante los tribunales de justicia para que respondan por estos crímenes masivos.

Serian acusados de utilizar métodos inhumanos y muy crueles contra la civilización civil, entonces bajo presión se verían a obligados a suspender los ataques.

La segunda táctica es una invasión firme comandada por una potencia ubicada al norte de Israel.

Probablemente se vayan uniendo otras potencias amigas del gran enemigo que habita al norte de Israel.

Y a esto hay que añadir el grupo de naciones vecinas, antiguas enemigas del pueblo Judío, entre las cuales hay algunas que cuentan con energía nuclear como arma, precisamente para poder utilizadla contra este pequeño país, ademas de con todos sus ejércitos muy bien equipados y armados para que el ataque sea por aire, por tierra y por túneles subterráneos.

Y la tercera es entrar a la nación de Israel y acampar sobre los montes de Israel que es un lugar amplio y apropiado para un gran ejército bien armado y pertrechado y desde allí iniciar todas las incursiones empezando por la ciudad principal: La vieja Jerusalem.

Y esta opción fue la elegida, no había otra después de haber estudiado las anteriores y precisamente, todos estos ejércitos tienen que estar sobre los montes de Israel para que la palabra profética se cumpla.

Lo mas extraño es acampar sobre los montes de Israel, pero la razón es que a una multitud de tanta gente armada en ningún otro sitio podría estar.

Y cuando ya se han cumplido todas estas etapas, y todas las cosas han tomado el lugar donde les corresponde estar, entonces a llegado el tiempo, el año, el mes, el día, y la hora en que Dios debe actuar, es la hora de Dios para el mundo.

Y quién entonces, ¿quién podrá mantenerse firme cuando él proceda?

Tal vez el gran ejército confederado de muchas naciones que a venido del norte de Israel para "arrebatar despojos y para tomar botín, para poner sus manos sobre las tierras desiertas ya pobladas, y sobre el pueblo recogido de entre las naciones, que se hace de ganado y posesiones, que mora en la parte central de la tierra."…"haz reunido tu multitud para tomar botín, para quitar plata y oro, para tomar ganados y posesiones, para tomar grandes despojos?" (Ezequiel 38:12 y 13).

¿Tal vez estará firme cuando Dios proceda contra él?

Para el ser humano la descomposición de los átomos y como resultado la letal bomba atómica fue un gran adelanto tecnológico. Significa poder de destrucción, muerte, ruina, hambre, desolación entre otros males.

LA VISIÓN I

Pero casi siempre su uso para "fines pacíficos" no existe en la realidad, los contados países que lo han hecho, han tenido y tienen serios problemas ademas de resultar muy peligroso, porque las centrales nucleares pueden ser dañadas por cualquier fenómeno de la naturaleza, puede ser un terremoto, un sunami, una tormenta eléctrica y generalmente, las consecuencias son mortales para los humanos.

Podemos llamarle, a esto como el mas grande poder de destrucción que el hombre a descubierto y se considera como una potencia con capacidad disuasiva hacia aquellos que ataca. Pero, seria algo muy limitada la visión del ser humano si solo se basaría en esta clase de poder, y muy desalentador el futuro.

Pero afortunadamente hay otro poder mas grande que el de la bomba atómica, que es el poder de Dios. Si así no fuera, no habría esperanza para el ser humano, pero en su palabra hay consuelo, futuro, y un glorioso mañana para toda la humanidad.

Lo sobrenatural, que esta sobre el mundo físico y por encima de todo lo natural, sobre lo racional y lo material.

Dios puso en el hombre ese poder también, es la palabra, bien utilizada que da vida y mal utilizada da muerte.

¿Cuál es la palabra profética sobre este acontecimiento?

"De aquí a muchos días serás visitado; al cabo de años vendrás a la tierra salvada de la espada, recogida de muchos pueblos, a los montes de Israel,..." "Subirás tu, y vendrás como nublado para cubrir la tierra serás tu y todas tus tropas, y muchos pueblos contigo." "Vendrás de tu lugar, de las regiones del norte, tu y muchos pueblos contigo, todos ellos a caballo, gran multitud y poderoso ejercito, y subirás contra mi pueblo Israel como nublado para cubrir la tierra; será al cabo de los días; y te traeré sobre mi tierra, para que las naciones me conozcan cuando sea santificado en ti,.Ezequiel.38: 8, 9, 15,16.

"Y te quebrantare, y te conduciré y te haré subir de las partes del norte, y te traeré sobre los montes de Israel;.." "Sobre los montes de Israel caerás tu y todas tus tropas, y los pueblos que fueron contigo; a aves de rapiña de toda especie, y a las fieras del campo, te he dado por comida.." Sobre la faz del campo caerás; porque yo he hablado; dice Jehová el Señor".. Ezequiel. 39:2,4.

"Y haré notorio mi santo nombre en medio de mi pueblo Israel, y nunca mas dejare profanar mi santo nombre; y sabrán las naciones que yo soy Jehová, el Santo en Israel." Ezequiel.39:7.

Y si nos remontamos hacia el futuro cercano al final de la década del 2010, (por poner una fecha referencial solamente, puede ser a corto o largo plazo, el hecho es que ese día llegara de todas maneras) allí podemos ver un gran ejercito preparado para este fin, desde décadas pasadas, acantonado sobre los montes de Israel, bien armado, bien pertrechado, con toda su artillería pesada, camiones lanza misiles, tanques blindados, una impresionante caballería, y demás instrumentos sofisticados de guerra esperando impacientes la orden de sus mandos superiores para iniciar la " segunda fase final de la operación limpieza" y terminar con el registro casa por casa de la mitad de la ciudad que queda, y el resto del país.

Es un día soleado amanece sin una nube en el espacio, un cielo despejado donde los bombarderos y los aviones caza cruzan los cielos como si estuvieran en su casa haciendo rugir sus motores para aterrorizar a todo el pueblo y la capital de Israel.

Mientras los líderes Judíos solo esperan al ejercito invasor para presentar su ultima y encarnizada batalla que saben que no durara mucho pero defenderán sus familias y su tierra hasta "quemar el ultimo cartucho".

La mitad de la ciudad ya fue llevada en cautiverio y la otra mitad de la vieja Jerusalem, ha huido en estos tres días que los enemigos se han replegado antes de volver con fuerza.

LA VISIÓN I

El campo hipotético de Israel

Los montes de Israel están repletos de gente armada, amanece con un sol brillante, las armas relucientes y los ejércitos con sus uniformes impecables como si fueran a un desfile militar, los camarógrafos de la televisión enfocan una vista impresionante para los noticieros de todos los países, algunas cadenas de Tv están transmitiendo en directo el día "D", con vistas panorámicas excelentes de los montes de Israel, y de otros países poderosos siguen llegando mas tropas todavía, que rápidamente se integran al gran ejercito y se alinean tomando sus posesiones, y este magnifico ejercito va creciendo, mas y mas.

Cualquiera que observa esos programas ni siquiera presagia todo lo que se oculta tras esa inmensa multitud de gente armada con flamantes vestimentas, y todo lo que puede causar, son las 9:10 a.m. de la mañana en ese lugar del planeta, están solo a 20 minutos de que empiece "la segunda fase". Es un mar de gente uniformada en un inmenso campamento que escuchan por alto parlantes las arengas de los generales, y están esperando solo que digan: "En marcha a cumplir su misión, ejercito de vencedores".

Pero mientras esperan oír estas palabras claves para que esa maquinaria gigantesca de destructores entre en acción, algo pasa en el medio ambiente natural y de pronto todo cambia, desde su ansiedad y su espíritu de triunfadores, y su optimismo cambia y se empiezan a mirar unos a otros sin tener ninguna explicación para lo que esta empezado a suceder.

Todas las aves empiezan a volar y cruzar el gran campamento sobre ellos, los pajaritos a trinar, a lo lejos empiezan a escuchar el aullido de los lobos, el rugido de las fieras, las hienas empiezan a correr, aparecen osos pardos, corriendo también a lo lejos, y esa multitud se sobresalta y pregunta: "¿Que esta pasando?" y por un instante se olvidan de la gran invasión.

Pero repentinamente empieza a temblar la tierra y el piso debajo de sus pies se mueve, a medida que tiembla viene con un ruido ensordecedor que levanta una nube de polvo espesa cubriendo todo el campamento, el gran ejercito rompe filas y se desbanda, y conforme pasan los segundos el remezón va aumentando en intensidad, el orden que reinaba minutos antes, desaparece, la caballería y la artillería rompen filas también, los caballos se asustan tumban a sus jinetes y corren desbocados, el ruido y la intensidad del movimiento telúrico cada vez es mayor, todo muro empieza a caer; la tierra ruge y se abre en instantes en grandes zanjas y profundas grietas donde caen jinete y caballo y gran cantidad de efectivos y el armamento pesado cae con ellos también para no salir mas, y la tierra se vuelve a cerrar de nuevo.

El campamento se convierte en una locura, son nubes cargadas de polvo, la gente corre aterrorizada para cualquier lado pero no pueden avanzar por la multitud, entre ellos se tropiezan y la visibilidad nula impide que se pongan a salvo, el alto mando quiere mantener la calma, y el control de la situación pero no están mejor que la tropa, un gran terremoto grado 9 por mas de 90 segundos sacudió todos los montes de Israel arrasando a su paso con todo lo que estaba encima.

Lo que mas estragos causa es el pánico y produce mas muertes que el mismo sismo," es un gran terremoto que se ha sentido en todas las naciones del medio oriente y en las grandes ciudades del norte de Israel, nadie a quedado a salvo, todo el mundo a sufrido las consecuencias." Es lo que lacónicamente informan los noticieros a la opinión publica internacional presentando las dramáticas imágenes captadas a través de sus cámaras, como si fuera una película de ciencia ficción.

Lo que no pueden informar es sobre el estado del "gran y poderoso ejercito" acampado sobre los montes de Israel, lo único que dicen es que esta bien y que se tomara unos días de retraso antes de continuar con la segunda fase de la operación "limpieza". Que dicho sea de paso ellos la van a necesitar mas que el pueblo de Israel.

Lo cierto es que ese gran ejercito a quedado paralizado y roto las replicas continúan y la cantidad de muertos y heridos son por millares sin contar los desaparecidos y los que cayeron en las grie-

LA VISIÓN I

tas profundas cuando la tierra se abrió y se volvió a cerrar. Prácticamente se los trago, hombres, maquinarias, armamento artillería pesada, camiones blindados, todo lo que encontró a su paso.

Por primera vez recordaron que ese ejercito estaba conformados por seres humanos, impotentes ante los fenómenos de la naturaleza, y aterrorizados como cualquier otra persona ante una catástrofe como esta, y que el armamento que tenían no podía ayudarlos a salvarse del terremoto.

¿Puede suceder que en la puerta del horno se queme el pan?

¿Y que de un momento a otro, ese plan de "borrar del mapa a Israel " por parte de sus enemigos con un gran y poderoso ejercito, comandada por potencias mundiales empiece a abortar?

¿Han pensado que un sismo como este, no respeta a ningún ejercito por más grande o poderoso que sea, barre con todos y acaba con gente, ciudades, armamento y todo aquello que esté en pie.?

Y no viene solo sino con un ruido estremecedor, y a su paso levanta nubes de polvo y sepulta a todo lo que se cruce en su camino. Generalmente llega sin previo aviso y no tiene una hora fija, sino en cualquier momento, en cualquier sitio y donde menos se le espera.

No son armas, tampoco bombas, ni mucho menos misiles con cabezas nucleares, son solo los propios elementos de la naturaleza, contra las cuales no se puede luchar, ni el hombre, ni la tecnología ni ningún país, por mas adelantado que sea, lo que nos recuerda nuestra humanidad débil frente a los fenómenos naturales.

¿Podrá el ejercito mas poderoso de la tierra mantener su mismo brío, y vehemencia de bravura y de coraje frente a un terremoto que les ha quitado sus flamantes uniformes de combate, sus rostros lavados y los ha dejado irreconocibles, como si alguien los hubiese bañado con talco de pies a cabeza?

¿Podrá mantener la misma moral y seguir pensando que van a ir a "entrenar" en la toma de Israel y que será una gran diversión erradicar a esta gente de la tierra?

Algo sucedió, lo imprevisible y las cosas ya no son iguales después de ese gran terremoto. La gritería, el terror, el pánico que cundió rápidamente entre las tropas han marcado la diferencia y lo que es mas, a quedado mermado. Y su falsa seguridad se empieza a esfumar.

Los altos mandos no saben como devolverles la confianza y ese espíritu de seguridad que dan las armas y esa mente triunfalista con que salieron hasta que cruzaron los límites de Israel, y entraron a "tierra santa" parece que los abandono porque desapareció para ser reemplazado por la incertidumbre y el temor.

Cuando observan ese lugar donde están acampados, ven a un ejército perturbado, desorientado, inmanejable, incontrolable dispuestos a cometer cualquier barbaridad, no se explican lo que a pasado, tampoco se reponen totalmente de la impresión, todo a sido derribado, no hay nada en pie, se miran unos a otros pero ninguno tiene la respuesta, y allí están los altos mandos tratando de recuperar el orden y a los ejércitos desbaratados por el movimiento telúrico mientras los canales de Tv continúan con la información de la noticia que sorprendió a todos: " ha sido por todas las ciudades de esos lugares y no hay casa en pie."

La tropa estaba lista para entrar en acción sobre la otra mitad de la ciudad de Jerusalem, pero sucedió lo imprevisto y la victoria se empieza a voltear en una contundente derrota y se les empieza a ir de las manos a este poderoso ejército, se teme que los que dirigen esta invasión se suiciden antes de que sus países los enjuicien y sean condenados, en el caso que fracasen.

Los noticieros dicen: "tienen una gran cantidad de bajas y desaparecidos ya que en diferentes partes se abrió la tierra, para ellos a sido el día largo de la historia"

LA VISIÓN I

Llega la noche pero después de un gran terremoto, la noche no es para dormir, sino para seguir trabajando, allí ya no hay uniformes impecables es un ejercito por cierto gigantesco todavía, pero todos cubiertos de polvo y tierra irreconocibles por lo que se le prohibe el ingreso a los reporteros al campamento de las tropas que tomen fotografías de esa multitud armada.

Las replicas continúan casi toda la noche y tiene con los nervios de punta a toda esa inmensa multitud pero mientras pasan las horas, ocurre también a la par, algo extraño: perciben a lo lejos como un movimiento de fieras rugiendo apuntando al gran campamento, hienas riéndose, leones rugiendo, lobos aullando, aves que comen carroña, el graznido de los buitres y gallinazos que revolotean en la oscuridad y parecería que vienen cada vez mas, solo las perciben por los movimientos que hacen a lo lejos.

La noche para ellos esta llena de peligros inminentes y presienten que las cosas no van a salir tan bien como creían. Por primera vez cunde la duda en el corazón de ese gran y poderoso ejercito

Al día siguiente el gigantesco ejercito acantonado sobre los montes de Israel, no ha dormido por las replicas constantes y el trabajo de rescate a los sobrevivientes ...y todos los planes para el día "decisivo" quedaron interrumpidos muy a pesar de los altos mandos.

Ha sido tan devastador ese terremoto, que dejaron por un momento el asunto de la "operación limpieza" relegada a un segundo plano mientras están concentrados solo en recomponer el "gran" ejercito, recuperar todo lo que queda del armamento pesado, sacudirse el polvo y sacudir los uniformes; el terremoto los dejo irreconocibles.

Pero al atardecer, ya se ve de nuevo un precario y gran e impresionante ejercito recompuesto, listo, bien formado, en orden esperando la señal del alto mando para salir a ejecutar la operación contra el pueblo Judío, denominada "limpieza".

Mientras esperan los primeros rayos de sol para ir a ejecutar el plan concebido contra el pueblo Judío, nuevamente algo extraño empieza a suceder.

Y otra vez se quedan paralizados de terror.

Empieza a caer una estruendosa tormenta de rayos y truenos sobre ellos y a soplar con ruido un fuerte viento frío, que los hace tiritar y tabletear los dientes.

Y en medio de un amanecer con un sol radiante, levantan sus ojos y ven como ese fuerte viento empuja una gran nube negra cargada de electricidad, y avanza lentamente hasta ponerse exactamente sobre todo ese inmenso campamento donde está ubicado el "gran ejercito", ellos quedan debajo de esa nube "inteligente" sin poder salir al norte o al sur ao este o al oeste, y el día se va oscureciendo cada vez mas y mas, hasta quedar casi oscuro.

Así cae la tarde, con un "gran" ejercito paralizado.

Mientras los soldados miran con estupor lo que pasa con el clima, cuando de pronto cae un rayo en medio de ellos y el sonido y los estragos que hizo, rompe todo el silencio y el orden y la disciplina que a duras penas la había recuperado ese "gran ejercito" para transformarse nuevamente en un gran loquerio ya sin control, se rompen filas y los soldados y las bestias de caballería corren de aquí para allá si saber a donde ir para encontrar refugio y protegerse de esa lluvia pesada que cae sobre ellos como grandes baldes de agua.

El "gran ejercito" ahora se encuentra en medio de una tormenta donde el sonido de los rayos y los truenos retumban en ese desértico lugar como si fueran la detonación de bombas y de cañones que caen sobre ellos, y obviamente matando instantáneamente a gran cantidad de efectivos.

Lugares donde antes nunca llovió, rápidamente se convierte en una gran inundación tan solo en pocos minutos y toda esa multitud

LA VISIÓN I

de gente armada no puede huir, mas bien esta sumergida en el lodo donde fácilmente se hunden y están bañados desde la cabeza hasta los pies, y el polvo que cubría sus uniformes y sus cabezas, rápidamente se convierte en barro, y la lluvia se vuelve impetuosa y no para y cada vez es mas fuerte y mayor.

El gran ejercito esta siendo perturbado por los fenómenos de la naturaleza y los que nunca sintieron miedo, por primera vez tienen miedo y también un extraño presentimiento de que algo nada bueno puede suceder con ellos.

Mientras dure esta tormenta tienen que permanecer donde están, nadie puede escapar a campo abierto de los fenómenos naturales, ademas no hay donde protegerse.

Animales, hombres y maquinaria pesada, todos a una están como hundidos en un pantano sin poder hacer absolutamente nada.

La lluvia no para cada vez es mas fuerte y las gotas de agua que caen son cada vez mas grandes, y en cuestión de minutos el inmenso lodazal se va transformando en una laguna donde todo se va hundiendo desde camiones, tanques, carros y maquinaria pesada y los estragos mortales van aumentando, casi la tercera parte de todo a desaparecido tragado por el lodo, el agua y el barro, y están sumergidos en medio de una gran laguna.

Y si continua a ese ritmo transformara el lodazal en un inmenso pantano ante el cual todo el equipo pesado de combate será sepultado e irrecuperable, así como los camiones lanza-misiles y toda la maquinaria pesada.

Y ven como el agua poco a poco empieza empozarse transformado la inundación en un pantano, y cuando quieren correr para salir se hunden fácilmente en el barro con botines de seguridad y todo.

Tanto los militares de alto mando como la tropa están con la ropa mojada y embarrados desde la cabeza hasta la planta de los pies.

Y lo peor del caso, no saben como reaccionar. Mientras la lluvia continua cayendo impetuosamente toda la noche.

Con el pronostico del tiempo bueno para ese día seco totalmente no hay una explicación lógica para lo que esta pasando y cada vez están mas confundidos por las cosas inesperadas que están sucediendo.

La lluvia se torna casi en un diluvio en ese lugar. Se nota algo mas de la tercera parte de bajas algo muy preocupante para los generales que dirigen la invasión porque ellos ya saben lo que les espera, si fracasan.

No saben que hacer para salir de ese campamento.

Cada vez es peor la situación por la cantidad de bajas humanas que han tenido, sin embargo los planes que tenían sufren un cambio y el optimismo con que llegaron se torna en pesimismo, angustia y gran temor al ver el estado en que han quedado todos los carros de guerra, los tanques, la artillería pesada, son casi irrecuperables dada la premura del tiempo para alimentar a la tropa así que por primera vez esta vez no habrá "rancho" para el ejercito.

Al día siguiente la lluvia continua, el campamento de los adversarios de Israel, ya es un caos, la artillería pesada, (camiones, tanques, misiles, bombas,) se hunden en el barro y queda inutilizada, la caballería quiere desertar, pero el lodo se lo impide, y la lluvia no para, sigue y cada vez es mas fuerte y ya se notan los estragos porque el pánico empieza a apoderarse de todo ese ejercito.

Ante esas circunstancias por primera vez piensan en Dios.

Y cuando el ser humano ve amenazada su vida hace lo que puede para no perderla y el instinto de conservación lo único que ve es encontrar la forma de escapar de ese lugar y una de ellas es la deserción.

Empiezan a tener miedo, por allí tímidamente se escuchan por lo bajo frases como estas:" es el Dios de Israel, que pelea por ellos, con Dios no podemos luchar, ¡huyamos!"

LA VISIÓN I

El profeta Nahum 1:6 dice: "¿Quién permanecerá delante de su ira? ¿y quién quedará en pie en el ardor de su enojo?"

Pero si observamos como trabajan los elementos de la naturaleza es algo que hace meditar a cualquier persona, el terremoto cubrió de polvo y de tierra el lugar, removió toda la tierra que estaba plana, la sacudió tan fuerte que se abrió y se trago a todo lo que estaba encima, desde hombres, bestias y maquinaria pesada, no quedo nada en alto.

Luego al caer la lluvia impetuosa sobre un lugar arado por el terremoto, fácilmente la convirtió en un pantano de barro como una gran laguna y allí no pueden funcionar los primeros auxilios, por lo inaccesible del terreno, solamente se puede contemplar desde Tel Aviv, los montes de Israel, rodeados de nubes negras, primera vez que llovía torrencialmente como nunca antes se había visto.

Ante las cosas imprevistas del momento no se puede mantener el control, ni el orden, ni la moral tal y conforme vinieron con el propósito de borrar del mapa a Israel, ahora tienen los elementos de la naturaleza luchando contra ellos, y esta guerra es total, no hay perdón ni misericordia ya que se tratan de cosas que actúan solo en base a leyes físicas y químicas y carecen de sentimientos humanos. ¿De qué sirve ese espíritu de triunfalismo que dan las armas nucleares, en esa hora?

Y que pasa, si tan solo es el comienzo, allí no termina todo, sino que las cosas van de mal en peor, y los elementos de la naturaleza los están destruyendo poco a poco sin que ellos puedan hacer algo para salvarse.

Mientras tanto el pueblo de Israel oran unidos como un solo hombre y la nación de los Judíos llora a gran voz y las cámaras de TV de todo el mundo difunden las imágenes por todas partes, y de pronto, empiezan a reconocer al Hijo de Dios, Jesucristo como su Mesías y Salvador personal, y gimen ante Dios con gran clamor y lagrimas, para que tenga cumplimiento la promesa del Hijo de Dios de volver otra vez como Rey de Reyes.

"Y se afirmaran sus pies en aquel día sobre el monte de los olivos,…y el monte de los Olivos, se partirá por en medio, hacia el oriente, y hacia el occidente, haciendo un valle muy grande;…" (Zacarías 14:4)

Al pueblo judío se unen los cristianos de todo el mundo haciendo ambos un solo pueblo y juntos se levanta un gran clamor mundial por la segunda venida de Cristo ante el asombro de los espectadores.

Durante esta etapa de espera para tomar a Israel, pueden suceder muchas cosas no programadas en el calendario de los que están embarcados en esta poco grata empresa.

Otra de las cosas no previstas es que después de esa lluvia torrencial que enterró virtualmente todo el equipo pesado de artillería y causo estragos e innumerables bajas, los planes ya cambiaron y necesitan dos, tres o cuatro días por lo menos para rescatarlos y ponerlos operativos.

El primer día de sol después de tres días de lluvia pesada ya paso y es tan fuerte que la ropa mojada y embarrada se seca sobre sus cuerpos y los altos mandos se apresuran a la invasión sobre Israel, para terminar lo que habían empezado ante los ojos de todo el mundo. O ellos tendrán que estar sentados en el banquillo de los acusado en sus propios países.

Y debido a los imprevistos de la naturaleza cambiaron la flexibilidad con la gente de Israel a tolerancia cero.

Y la orden es exterminio total, no a sobrevivientes desde niños, mujeres, ancianos y jóvenes, todos sin excepción deben ser ejecutados, los altos mandos no quieren prisioneros, están tremendamente enojados contra el pueblo de Israel.

Mientras un poco menos de la mitad de los que quedaron como sobrevivientes del gran ejercito, se preparan para recorrer el país, la otra mitad procura rescatar la artillería pesada hundida en el fango, pero parece casi tiempo perdido el agua y el barro las han enterrado.

LA VISIÓN I

Mientras tanto sobre los montes de Israel se ve todavía un inmenso contingente de soldados así como quedan después de un gran terremoto, lluvia pesada y lodo, y no solo a ellos sino a sus altos mandos también.

Ellos no le quieren dar ninguna importancia a las catástrofes pero el animo ya no es el mismo.

La tropa en el estado calamitoso en que esta; piensa de manera diferente, presagian que no habrá buen fin, mas aun, cuando cada mañana y tarde ven fieras por los alrededores y escuchan los rugidos como si estuvieran a sus espaldas, esperando solo el momento que les sean dados como presas a todos los carniceros para disfrutar de un gran banquete.

No obstante los soldados, obedecen ordenes y nuevamente todo ese poderoso ejercito mermado ya esta formado en posición de atención como un solo hombre con toda la maquinaria de guerra que a podido ser rescatada y en las mismas condiciones en que se encuentran después de una inundación.

Cuando parece que llego el momento de ir contra el tan odiado enemigo Judío, algo extraño vuelve a pasar.

Y otra vez la tropa se sobresalta porque ya sabe lo que va a pasar.

Es el sonido de alerta, donde ya no hay tiempo para huir y desertar.

Empieza a soplar un viento fuerte y frío haciendo un sonido tenebroso, y en medio de ese sonido se escucha la orden de "avancen al ataque" pero nadie se mueve, están con los nervios hechos pedazos y ahora con este sonido del viento, ya no escuchan a nada ni a nadie, los caballos se encabritan extrañamente y tumban a sus jinetes y como que enloquecen y sucede lo insólito, entre ellos empiezan a discutir, cosas como estas:" te dije huyamos" y tu, no quisiste y yo por tu culpa estoy aquí"

Cada cual saca su espada y se enfrenta a su propio compañero y se empiezan a matar entre ellos mismos unos a otros y ningún jefe se atreve a pararlos.

Y como si fuera poco entre el alto mando también empiezan a pelear entre ellos mismos, sin razón ni explicación alguna en medio de un gran griterío y nadie sabe lo que esta pasando.

Entonces se desata una batalla campal y los montes de Israel se tiñen de sangre y el olor a sangre enfurece a las fieras que lo perciben desde lejos, a la distancia y hace que se enardezcan y avancen hacia donde hay comida como otro gran ejercito depredador que marcha para participar, no de una batalla sino de las presas que quedaron disponibles para ellos.

Y de repente sobreviene una pestilencia mortal con sangre sobre toda esa multitud de gente armada y caen a tierra como soldados de plomo para no levantarse mas, vuelve otra vez la lluvia pero no viene sola, esta vez viene acompañada de grandes piedras de granizo que destrozan los cráneos y los cuerpos de sobre quienes caen.

Y estas rocas caen con fuerza con fuego y azufre sobre todos ellos rompiéndole los huesos o el cráneo matándolos casi instantáneamente, como el tiro de gracia sobre todo ese ejercito confederado del cual solo queda el recuerdo porque pronto serán comida de todas las fieras y las aves de rapiña que han estado esperando por ellos.

La lluvia y el terremoto se encargo de desarmar a ese ex-gran ejercito, y los millones de efectivos fueron cayendo poco a poco sin saberlo, para luego dejar solo una sombra de lo que se creyó, en un principio era invencible, no se necesito otro ejercito para acabarlo solo unas cuantas gotas de agua.

La realidad patética es diferente después de los devastadores fenómenos naturales, los montes de Israel se llenaron de un gran ejercito de cadáveres, y una gran cantidad de fieras de toda especie y aves que se alimentan de carroña, son los únicos sobrevivientes para asombro y sorpresa del mundo.

"A aves de rapiña de toda especie, y a las fieras del campo, te he dado por comida" (Ezequiel 39:4).

¿Puede el hombre desafiar a Dios y quedar impune?

No, si lo hace seguirá el mismo camino que este "gran ejercito".

Cuando Dios pelea por su pueblo no utiliza armas terrenales sino tan solo los elementos de la naturaleza que son suficientes para parar la soberbia del hombre, quien quiera que sea.

Después de esa experiencia fatal solo lo cuenta la historia que a su vez será su juez.

¿Cómo se cierra este capitulo?

Al día siguiente los montes de Israel están en silencio, solo se escucha el rugir de las fieras, las hienas, los leones, las aves de rapiña, los gallinazos, los buitres aves de toda especie los chacales en grandes cantidades, son los únicos sobrevivientes…están de fiesta, tienen comida en abundancia, no se escucha sonido de tanques ni de camiones ni cascos de caballos…el mundo esta paralizado y gran parte con temor reverente, atónito y no sale de su asombro, Israel permanece en su propio territorio, la gente se pregunta que paso con "el gran ejercito de la confederación de naciones", ¿dónde esta?

La respuesta lacónica, la única que hay es:" muerto" y añaden es comida de las bestias del campo y de las aves de rapiña.

Las cadenas de TV dan una noticia de ultimo minuto:" las grandes capitales de los países que salieron contra Israel se consideraban lugares muy seguros para sus ciudadanos pero cayo fuego del cielo y fueron incendiadas."

El terreno de lo sobrenatural

¿Hasta que punto en el terreno de lo hipotético esto, puede suceder?

Hay una base para partir, de donde se puede desprender el fundamento: Numero uno: es que un acontecimiento de esa magnitud, como la de ir contra Israel, no solo una nación sino muchas y poderosas, va a captar la atención de todo este planeta.

Numero dos: Israel es un pueblo pequeño, no se necesita tanto, si se está tan seguro de que no se podrá defender, ¿por qué entonces el temor de que pueda pasar algo a las tropas invasoras?

Numero tres: Israel es la única nación diferente en cuanto a su fe a las del resto del mundo, es el pueblo de Dios, y tiene promesas de ser establecido firmemente sobre este mundo, y que Dios peleara por ellos, llegado el caso.

Numero cuatro: Esta invasión, dará como resultado la segunda venida de Cristo y el fin del gobierno humano sobre esta tierra, para siempre jamás.

Numero cinco: esta profetizada.

Hay muchas razones que se pueden esgrimir que son fuertes, para argumentar que esta dramatización en el terreno de lo hipotético puede llegar a ser una trágica realidad. No obstante, no sabemos exactamente como será, solo lo dramatizamos.

Actualmente hay mucha oposición a que sea llamada: "nación" y uno de los objetivos de sus enemigos es estar contra su existencia como tal en el mundo.

Israel, pueblo de Dios, ya esta en el escenario, esperando al otro actor, son las naciones declaradas enemigas de los Judíos, para ellos todavía no llega su hora, esperan que el tiempo se cumpla, pero ambos protagonistas de todos estos sucesos mundiales están listos para entrar en escena.

LA VISIÓN I

¿Será en la década del 2010, o a principios de la siguiente? No sabemos, pero esta generación ve cómo dos grandes potencias se unen para pelear contra Israel probablemente se unirán otras también, pero de lo que si estamos seguros, es que Israel permanecerá como nación por siempre.

Benjamin Netanyahu, primer ministro de Israel habló ente la ONU y dijo:

"El pueblo de Israel ha vuelto a casa,. Y nunca mas serán arrancados de su tierra que yo les di...." (Amos 9:15)

Las profecías sobre este suceso
"En aquel tiempo, cuando venga Gogh contra la tierra de Israel, dijo Jehová el Señor, subirá mi ira y mi enojo."

"Porque he hablado en mi celo, y en el fuego de mi ira: Que en aquel tiempo habrá gran temblor sobre la tierra de Israel; que los peces del mar, las aves del cielo, las bestias del campo y toda serpiente que se arrastra sobre la tierra, y todos los hombres que están sobre la faz de la tierra, temblaran ante mi presencia; y se desmoronaran los montes, y los vallados caerán, y todo muro caerá a tierra."

"Y en todos mis montes llamare contra el la espada, dice Jehová el Señor; la espada de cada cual será contra su hermano."

"Y yo litigare contra el con pestilencia y con sangre; y haré llover sobre el, sobre sus tropas y sobre los muchos pueblos que están con el; impetuosa lluvia,y piedras de granizo, fuego y azufre."

"Y seré engrandecido y santificado, y seré conocido ante los ojos de muchas naciones; y sabrán que yo soy Jehová."

"Y te quebrantare, y te conduciré y te haré subir de las partes del norte, y te traeré sobre los montes de Israel; y sacare tu arco de tu mano izquierda, y derribare tus saetas de tu mano derecha".

"Sobre los montes de Israel caerás tu y todas tus tropas, y los pueblos que fueron contigo; a aves de rapiña de toda especie, y a las fieras del campo, te he dado por comida".

"Sobre la faz del campo caerás; porque yo he hablado, dice Jehová el Señor."

"Y enviare fuego sobre Magog, y sobre los que moran con seguridad en las costas; y sabrán que yo soy Jehová".

"Y haré notorio mi santo nombre en medio de mi pueblo Israel, y nunca mas dejare profanar mi santo nombre; y sabrán las naciones que yo soy Jehová, el Santo en Israel".

"He aquí viene y se cumplirá, dice Jehová el Señor; este es el día del cual he hablado"

"Y los moradores de las ciudades de Israel saldrán, y encenderán y quemaran armas, escudos, paveses, arcos y saetas, dardos de mano y lanzas; y los quemaran en el fuego por siete años."

"Y la casa de Israel los estará enterrando por siete meses, para limpiar la tierra."

"Los enterrara todo el pueblo de la tierra; y será para ellos celebre el día que yo sea glorificado, dice Jehová el Señor."

"Y sabrán que yo soy Jehová su Dios, cuando después de haberlos llevado al cautiverio entre las naciones, los reúna sobre su tierra, sin dejar allí a ninguno de ellos." (Ezequiel 38: 18, 19, 20 21, 22, 23. capitulo 39:2,4, 5, 6, 7, 8. 9 12, 13, 28. Version 1960 Reina Varela).

"Y pondré mi gloria entre las naciones, y todas las naciones verán mi juicio que habré hecho, y mi mano que sobre ellos puse. Y de aquel día en adelante sabrá la casa de Israel que yo soy Jehová su Dios."

"...y los reúna de la tierra de sus enemigos, y sea santificado en ellos, ante los ojos de muchas naciones."(Ezequiel 39:21,22, 27).

Esa es la razón por la que se incluye a Israel como una señal de los últimos tiempos; desempeña un papel importante en lo político, en lo social y en cuanto a la misión para la cual fue creado, no es un pueblo que tiene nada especial, excepto su fe, tampoco goza de ventajas algunas por causa de su linaje, sino como cualquier pueblo de la tierra lucha por la vida de su nación.

En estos libros de la Biblia están escritas estas palabras proféticas desde antes de Cristo, sin embargo describe con lujos de detalles la forma trágica como terminaría este ultimo ataque a este pueblo. ¿Qué pasara acto seguido?

Es posible el evento tan esperado y anunciado desde décadas pasadas el regreso de Cristo a la tierra como Rey de Reyes.

Esta confrontación de Israel contra la confederación de naciones, es tan importante que la segunda venida de Cristo unirá lo que se comenzó en el huerto del Edén con Adán y Eva y con lo que Cristo hizo en la cruz del Calvario.

Y este segundo evento dará por terminada la era del gobierno de este mundo por el hombre, e iniciara una etapa nueva teniendo el gobierno de Dios sobre la tierra.

Así mismo pondrá punto final a la rebelión que desato Lucifer en el cielo contra Dios, y arrastro a la tercera parte de las huestes celestiales para volverlas enemigas, eso también llega a su fin.

Para continuar con los planes y propósitos que Dios tiene para el hombre y para toda la descendencia de Cristo, para siempre.

Este acontecimiento contra Israel dará lugar a la segunda venida de Cristo como Rey de Reyes, quiere decir que no vendrá como la primera vez, sino completamente diferente "vestido con una ropa que llegaba hasta los pies, y ceñido por el pecho con un cinto de oro. Su cabeza y sus cabellos eran blancos como blanca lana, como nieve; sus ojos como llama de fuego; y sus pies semejante al bronce bruñido, refulgente como en un horno; y su voz como estruendo de muchas aguas."(Apocalipsis 1: 13-15). La idea de que Cristo vendrá con las sandalias del pescador, la ropa de aquellos tiempos, y humildemente a seguir predicando el evangelio para hacer un llamado al hombre para que se vuelva a Dios, y con una aureola sobre su cabeza, como las clásicas pinturas de la edad media, eso no corresponde a lo real sino a la religión tradicional, donde se venera todo lo antiguo, y se desecha lo contemporáneo.

la Biblia dice algo muy distinto, acerca de la forma de su segunda venida, nunca más se volverá a repetir el drama del calvario; sino que cuando Él venga, será como Rey de Reyes con el cetro de justicia en su mano con el resplandor de su presencia, con majestad con gran poder y gloria como nunca se le ha visto, y "toda rodilla se doblara" (Filipenses 2:10) Su presencia causara pánico a los grandes de la tierra."Y los reyes de la tierra, y los grandes, los ricos, los capitanes, los poderosos, y todo siervo y todo libre, se escondieron en las cuevas y entre las peñas de los montes; y decían a los montes y a las peñas: caed sobre nosotros, y escondednos del rostro de aquel que esta sentado sobre el trono, y de la ira del Cordero; porque el gran día de su ira ha llegado; y ¿quién podrá sostenerse en pie?".(Apocalipsis6:15-17).

Cuando no se lee la Biblia, cualquier versión religiosa se hace pasar como verdadera, nadie se imagina como vendrá en su segunda venida, y se pueden inventar muchas formas falsas, pero cuando se lee la Biblia, ella nos dice claramente todas las cosas.

Incluso en estos tiempos aparecen muchos diciendo que "son el Cristo" y adoptan la misma indumentaria de la primera venida, y lo mas increíble es que tienen seguidores, y sucede esto solo por falta de conocimiento pero si leen la Biblia no se van a dejar sorprender tan fácilmente. "…y aun si a Cristo conocimos según la carne, ya no le conocemos así" (Segunda corintios 5:16).

LA VISIÓN I

Finalmente podemos aseverar que en efecto la época en la que vivimos terminara para no volver mas, tampoco cambiara el nuevo estilo de vida implantado en casi todos los países del mundo, continuara mas y mas pero no por siempre es el preludio del inicio de una nueva temporada en la que toda la naturaleza anhela respirar también la libertad gloriosa de los hijos de Dios.

"Porque también la creación misma será libertada de la esclavitud de corrupción, a la libertad gloriosa de los hijos de Dios" (Romanos 8:21)

Del mismo modo funcionara la segunda venida de Cristo, para la vida humana, en la que el tiempo será lo de menos, para vivir a plenitud cada día al lado del Creador, donde la vida continua a otro nivel social mas elevado que al que se a estado acostumbrado a vivir en la tierra, y se tendrá la oportunidad de alternar con los personajes mas sobresalientes de la Biblia, conversar con ellos, pensar en Abraham, Moisés, Salomon, Elias, Pablo, Pedro, y ellos dicen: "mucho gusto de conocerte, soy Moisés, bienvenido"…y la persona contesta:" Gracias al Señor Jesucristo, estoy aquí, soy fulano de tal, es un honor hablar contigo." y allí puede pasar el tiempo, revelando la historia transitoria en la tierra…la segunda venida de Cristo es uno de los acontecimientos que volverá a cambiar la historia como jamás se pensó.

Estad atentos:"De la higuera aprended la parábola: Cuando ya su rama esta tierna, y brotan las hojas, sabéis que el verano esta cerca. Así también vosotros, cuando veáis que suceden estas cosas, conoced que esta cerca, a las puertas. Mirad, velad y orad, porque no sabéis cuando será el tiempo" (Marcos13:28,29 y 33). En otras palabras: Cuando se prenda la mecha en el medio oriente, el tiempo pronosticado a llegado, estad atentos y levantad vuestra cabeza"porque vuestra redención esta cerca".

CAPITULO QUINTO: EL ACONTECER DE LOS TIEMPOS

EL DIOS JUSTO

Tiene que ver con todos los sucesos que han sacudido este mundo a partir de la década del 60.
La Iglesia
La economía y la política
El cambio climático
e Israel.

Y como han ido cambiando las cosas, no de la noche a la mañana, sino ha sido un proceso que empezó en la década del 60, la década de la revolución, el tiempo del existencialismo, y para aquel entonces la idea que se planto fue:" eres libre para hacer lo que te haga feliz" obviamente sin medir las consecuencias, ni los límites de lo que no debes hacer para no afectar a otros.

Es decir si te sientes feliz haciendo esto o aquello, tienes toda la libertad del mundo para hacerlo sin mencionar quien sufre las consecuencias.

Pero fue esa sencilla frase que se uso para afectar la vida de medio mundo. Es como una planta que poco a poco fue creciendo hasta convertirse en un árbol y se convirtió en parte de la vida.

Parecería que alguien un ser siniestro los planificara en otras esferas celestes, porque todas tienen un mismo propósito: desestabilizar la raza humana, así como se pueden desestabilizar, países continentes y el mundo entero, desde afuera.

Los cambios en el pensamiento, son bien marcados. Emergen nuevos conceptos para la vida que sorprenden así como en la política, en lo social, en lo económico, en lo cultural, lo religioso, las relaciones familiares, y empiezan con una mezcla de lo bueno y de lo malo, que aparentemente son cosas intrascendentes, pero llevan el germen del libertinaje la rebeldía, y un rompimiento con lo moral, lo espiritual y una separación de todo aquello que tenga que ver con Dios.

De la misma manera las siguientes: 70, 80, 90, 2000, 2010 las mismas características, como especie de una manipulación con propósitos y fines nada constructivos ni prósperos para la sociedad, la familia, las ciudades y los países.

Pero poner mucho énfasis en este poder siniestro, tampoco esta expresando una situación correcta.

El hombre no es un ser impersonal, que fácilmente puede ser amedrentado, o manipulado por personas u otro tipo de seres con personalidad propia.

Hoy en día se utilizan toda clase de tácticas para las ventas.

También utilizan la manipulación, el amedrentamiento, para colocar sus productos o contratos, los medios no importan sino el fin que se persigue. Lo que quiere decir que los que hacen esto, están andando sobre la linea, si la traspasan delinquen.

Si estos seres, enemigos de Dios y del hombre, son capaces de atacar con inteligencia a la raza humana, con artimañas y ardides, es porque saben que no funciona con todos los seres humanos la manipulación ni los embustes.

La razón es porque cada persona trae impresa desde su nacimiento la imagen y semejanza divina, por lo tanto en su interior trae un ADN de su procedencia.

Dios a puesto en cada ser humano genes que lo hacen diferente a las demás cosas creadas, talento, ingenio, inteligencia, sabiduría, capacidad creativa, habilidades, inclinaciones hacia la ciencia, el conocimiento y cosas jamás imaginadas, para el cumplimiento de su destino aquí en la tierra mientras viva, es lo que da origen, o lugar de nacimiento a todas las profesiones, carreras, las artes, los proyectos, las ideas grandes, el don de la música, los inventores de patentes que luego las venden a buenos precios y grandes hombres que han tenido en la mente y en el corazón hacer del mundo un lugar donde exista paz.

Son los genes que lleva en su interior cada vida humana.

Y esto sucede toda vez que los genes son activados en la vida del hombre, mientras tanto duermen, pero no desaparecen nunca, están allí, como un receptor de TV; cuando se quiere se prende y se apaga.

Son los sistemas de defensa que puso Dios en cada ser humano ante cualquier intento de manipulación del enemigo. Dios no puso al hombre sobre la tierra para que sea un esclavo de Satanás, sino todo lo contrario, para someterlo bajo la planta de los pies de Jesucristo y de sus seguidores.

Teniendo esto en cuenta, podemos aseverar que nadie puede someter la voluntad humana, a menos que la misma persona lo decida o sea obligado por la fuerza o violencia a decir o hacer una cosa, con la cual no esta de acuerdo.

Pueden haber pasado 4 o 5 décadas, bombardeando la mente humana, pero esto no significa que se tenga que aceptar todo lo que aprueba la mayoría, a esto se le llama el libre albedrío, pero se respeta también las ideas y las creencias de otros.

Lo que indica que por mas planes que se entretejan e esferas celestes de maldad, para doblegar la voluntad humana, nunca la alcanzaran, porque el hombre es libre como su espíritu, para buscar las cosas de arriba y regresar a su creador y remontarse como el águila a grandes alturas, en su capacidad cognoscitiva.

Todos los talentos que Dios puso en cada persona, los va a necesitar no solo en esta vida sino cuando llegue el día de encontrar su destino en los planes que tuvo desde el principio de la creación, para el hombre, la obra maestra de la creación.

Lo que indica también, que en la tierra se libran batallas sin cuartel entre dos poderes, el del bien y el del mal y el hombre decide pero la lucha no termina, es cierto que la tecnología a dado un gran paso al poner el invento de la computadora al alcance de las mayorías, pero tiene mucha similitud con este caso:

Todo depende del tipo de persona que la usa, y para que fines.

En consecuencia, no son juguetes para niños sino algo muy serio, ya que este instrumento llamado computadora y las redes sociales es usado por todo tipo de gente o grupos políticos o extremistas, así como ladrones, estafadores, gente morbosa, depredadores y asaltantes sexuales de todo tipo y criminales y realmente es un gran peligro para la sociedad quien quiera que sea aceptar cualquier programa o linea sin haber examinado antes su contenido.

Hoy en día son usadas tanto para mal como para bien, pero no se deben confundir con los valores morales y espirituales de cada persona, es verdad que ayudan pero también es verdad que destruyen si se usa para mal.

¿Se puede entonces utilizar la tecnología para manipular la mente humana a través de otras ideas o pensamientos para hacer caer en el error?

Evidentemente que eso funciona. A través de este medio, destruyen muchas vidas jóvenes, atacan países, entidades financieras y publicas de cualquier estado.

La computadora puede usarse para bien o para mal, definitivamente.

Pero el hombre es mas que una computadora, no es manipulable, ni tampoco esta sometido bajo una fuerza superior a sus fuerzas, todo depende de la voluntad propia, la constitución de su ser dice que fue hecho por Dios, por lo tanto libre en su espíritu y libre en su voluntad y en Cristo, es mas que vencedor.

Al entrar al 2010, el hombre se encuentra en una encrucijada, o aceptar las nuevas corrientes de pensamiento con respecto al estilo de vida social o conservar los principios básicos de la familia, los valores morales, los conceptos acerca de lo justo y lo injusto, lo bueno y lo malo, el honor, la dignidad personal y una sociedad construida en base a la libertad y la justicia o sencillamente dar la espalda, no mirar mas esto y seguir la nueva reforma social: a un mundo en oposición a todo lo que tenga que ver con Dios y sus leyes. Lo que creara la atmósfera adecuada para enfrentar al hombre contra su Creador.

¿A quién beneficia esto? ¿Al hombre o a las potestades de las tinieblas?

Doran la píldora

Filtran las ideas poniéndole títulos que no corresponden a lo real pero le dan otra connotación como "los adelantos tecnológicos" "la ciencia y la cultura" ""somos un mundo adelantado" "no estamos atrasados" "hemos superado perjuicios". Continúan con la misma táctica que utilizaron en cada década, sin que el tiempo transcurrido cuente para ellos, excepto para el hombre.

Y las hacen pasar como verdades incuestionables buenas para la vida aun cuando no se ajustan a la compleja realidad del medio social en el que vive el hombre.

Pero a pesar de eso hallan eco en estas generaciones y son bienvenidas por la gente de casi todos los países del mundo.

Hoy es el tiempo de ponerlas en practica, y entonces la generación del 2010 es sacudida por las nuevas corrientes y las leyes aprobadas por los gobiernos en casi todos los países del mundo, el hemisferio occidental incluido Europa, Australia, algunos países de América latina, son los abanderados con la nueva corriente.

LA VISIÓN I

Esto nos hace pensar que realmente vivimos en tiempos difíciles especialmente para las pasadas generaciones antes del 60 que en su mayor parte viven todavía, que ven con preocupación el futuro de las nuevas generaciones que vendrán a un mundo diferente al de antes de los años 60.

Y por otra parte tiempos peligrosos en medio de un cambio en la conducta humana y el carácter de los hombres, olas de violencia y crímenes nunca antes vistos que sacuden hasta los mas duros de corazón.

¿Sobrevivirá la humanidad, en estas condiciones a una década más sin que pase ninguna catástrofe social? Difícil pronosticarlo.

Lo que a empezado en esta década, transformará el mundo y la sociedad mundial, hasta que llegue a su punto pico, y no pueda ir mas adelante, pero no será dentro de cien años, sino posiblemente a partir de la siguiente década.

El cristianismo cercado
La parte social que afecta considerablemente es la comunidad cristiana por causa de la doctrina que es impracticable en un mundo abiertamente opuesto al cristianismo y se ve restringido en cuanto a su libertad religiosa, curiosamente todo este cambio en el estilo de vida de la gente pone al mundo en contra de la fe cristiana y hace que se vea como transgresora de la ley, en un mundo opuesto a Dios, la Iglesia tiene que salir, porque es como si la noche hubiera llegado para ella.

¿Será que las fuerzas de la obscuridad están adquiriendo más fuerza, para destruir al pueblo de Dios y al mundo?

El gran conflicto:La Iglesia
Debido a cambios políticos y económicos en las leyes civiles de la sociedad de la mayor parte de países de todos los continentes, tratando de traer un nuevo estilo de pensamiento, un nuevo estilo de vida, y modificando algunas legislaciones anteriores sobre el concepto de la familia, la Iglesia se halla en una situación incomo-

da, y se hace mas difícil su existencia a corto plazo no obstante en todo el continente Américano hay libertad, aunque restringida en algunas partes, pero se continua trabajando con éxito mas no en todo el mundo

Siempre a sido la persecución el arma que han utilizado las fuerzas del mal para atacar a la Iglesia cristiana.

Están en la mira de estos poderes de las tinieblas, todos aquellos que se han identificado con la fe de Jesucristo, y en estos tiempos da la impresión que es su hora final por la manera tan acelerada que suceden las cosas, esta persecución ideológica y anticristiana parecería que va ser mayor.

Eso no significa que al final ellos ganaran la gran batalla de la fe. Porque no es ese el motivo, ya hay un Ganador, a quienes atacan es a su descendencia: la Iglesia.

Pero el cuerpo de Cristo que es la Iglesia, sigue y seguirá creciendo en medio de todas las dificultades que haya en el mundo porque un enemigo vencido nunca puede prevalecer contra el pueblo de Dios, tan solo es usado para que al final se vea la gloria de Dios.

También se puede ver que algunas denominaciones llamadas "cristianas" están aceptando todos los cambios acerca del concepto de la familia, y del nuevo estilo de vida y probablemente se sumen otras a esta nueva corriente, como presumiblemente va a llegar a ser.

Esto no debe ser una sorpresa para nadie, porque siempre hay los dos tipos de creyentes los fieles o los infieles, pero nunca se sabe, porque como denominación aceptan los cambios pero como cada creyente individual, la cosa cambia, cada uno es libre de identificarse con los principios de su denominación o con los de Cristo.

En otras palabras a medida que cambian los tiempos, lo mas fácil es aceptar los cambios también en el concepto de Iglesia y así evitar entrar en conflicto con los rudimentos de este mundo, es lo mas fácil.

LA VISIÓN I

Pero para aquellos que se mantienen fieles a sus principios y a su fe, y saben discernir lo que deben hacer y lo hacen, en esta condición le esperan grandes desafíos, pero estarán en paz con su conciencia y con Dios de haber cumplido su deber.

El panorama mundial

Estos dos segmentos, el cristianismo y el pueblo Judío, es como si estuvieran unidos, aunque son diferentes, tienen un mismo Dios; pero da que hacer, todo lo que pasa con ellos y con el resto de la gente, tan solamente por causa de sus creencias religiosas en unos casos y otros por cuestiones de razas, o políticas, sufren persecución o son asesinados.

Estos acontecimientos no ocurren aisladamente, sino a la par con otros de carácter político, económico, social, y climatológico, determinantes para el mundo, aunque son independientes, están relacionados entre si; por el tiempo, espacio y lugar, que los ligan, en función de los cuales adquieren significado y trascendencia para la vida humana, la paz, la estabilidad y las relaciones.

La influencia negativa es que estos hechos no contribuyen a un equilibrio o mantenimiento de estos valores, sino mas bien a un deterioro o trastorno de todos estos elementos esenciales para el desarrollo normal de la vida.

Todo hace pensar que estamos viviendo en tiempos difíciles, aunque no es algo que se puede ver en todo el mundo sino parcialmente en algunos continentes, pero se puede generalizar y haber donde nunca los hubo, el problema es que la situación se puede volver incontrolable para todos los gobernantes del planeta.

La Biblia habla de tiempos similares a la de dos personajes del Antiguo testamento llamados Noe y Lot cuya característica fue todo lo opuesto a Dios, fue una época típicamente materialista y la raza humana se degrado tanto que Dios envío juicio sobre la tierra y toda esa generación pereció.

Ahora, esto también se pone en la Biblia como una señal antes de la segunda venida de Cristo, tiempos en los cuales habrá mucha oposición a Dios, a sus mandamientos y a sus leyes, y podemos aseverar que curiosamente sin que el hombre se de cuenta, hoy en día esta generación esta viviendo exactamente como en esa época.

El problema es que el hombre fue demasiado lejos y cuando eso pasa la historia dice que Dios los para. Y es sencillamente punto final: ¡no más!

¿Ha ido demasiado lejos el hombre que la intervención divina es inminente?

Todo parece indicar que si.

La violencia trae tiempos difíciles y nadie puede escapar a ella y convierte al planeta en un lugar peligroso y mayor aun, cuando se trata de países que soportan ataques incesantes de grupos armados donde la población es diezmada, sea por sus creencias religiosas o por su etnia o cualquier otro motivo y los gobernantes aunque quieran, son incapaces de controlar la situación.

Y esto no es cosa solo del medio oriente sino de centro América también, sur América, Europa, Australia, Francia y muchos mas, los grupos extremistas y el crimen organizado destruyen la sociedad civilizada por doquier.

El clamor de una humanidad herida y una tierra hecha pedazos por la violencia, es que esto tiene que parar y lo único que puede pararlos es la segunda venida de Cristo. No hay mas opción.

Cuando el hombre va demasiado lejos en su conducta basada en una oposición abierta contra Dios, y todos los esfuerzos para detenerlo se han agotado, entonces ya no hay mas remedio, se hace imprescindible la intervención divina y cuando esto sucede solo se tiene que escribir "el fin" del capitulo humano en la historia.

Y empezar otro, con un mañana mejor para esta tierra. Ese día esta cerca.

LA VISIÓN I

Cristo el Mesías

¿Cómo se puede probar que Cristo es el Mesías?

Solamente, escudriñando las Escrituras. Él Habló sobre tiempos y señales, que precederían a su segunda venida; y todas las dijo como si hubiesen sido ayer, en un tiempo donde no era posible alcanzar a comprender muchas de las cosas a las cuales se refirió y habló, pero ahora, en esta época, el mundo entiende claramente su mensaje, y le parece tan simple; que no lo puede creer.

¿Cuál es la prueba mas grande de su divinidad?

Es su resurrección, sin este suceso, nada hubiese cambiado, no se tendrían noticias del evangelio, el mundo seguiría su curso y el hombre estaría enajenado, suena fuerte, pero el agotamiento nervioso, la tensión la presión, en poco tiempo hubiesen extinguido la humanidad, la resistencia del hombre en su aspecto físico psíquico y emocional es débil, sería incapaz de aguantar más allá de su capacidad límite sin tener Uno más grande en quien apoyarse o confiar.

No al progreso, no a la cultura, no a las ciencias, no a la tecnología, no al desarrollo de la sociedad, toda norma para la familia rota, todo aquello que hable del origen del hombre y todo aquello que tenga que ver con Dios, rechazado, no aceptado.

El mundo civilizado se convertiría en un campo donde la violencia, la impiedad el odio y la muerte, reinaría sin Cristo.

El cristianismo es el único poder a quien temen las potestades de las tinieblas, un cristiano por mas pequeño que sea si esta en Cristo, es mas que vencedor en Él.

La vida sobrenatural

La resurrección como un hecho real, nos habla de que hay una vida sobrenatural eterna y un poder sobrenatural, que emana del Trono de Dios.

Hay un mundo sobrenatural.

Hay una vida sobrenatural.

Hay un poder sobrenatural.

Hay también un estilo de vida sobrenatural, similar al que hoy tenemos en la tierra, en algún lugar determinado por Dios, donde habitan Angeles, Arcángeles, Querubines, Serafines y un pueblo numeroso, en niveles superiores al humano hasta hoy conocido, la importancia de este suceso, estriba en los efectos sobre este planeta manteniendo el equilibrio sobre lo nocivo y perjudicial y lo que contribuye al bienestar de la familia, la piedad, la ayuda, aquello que es bueno para la salud, el alma y el cuerpo, y todo lo que tenga que ver con el progreso, la prosperidad de las naciones, la cultura para el desarrollo de las sociedades, la paz, la libertad, las ciencias, es de un efecto transcendental que nos habla, de que el hombre esta hecho para grandes cosas, grandes proyectos y una vida sin fin, para los planes de Dios, nuestra naturaleza, nos habla de que fuimos hechos a imagen y semejanza divina, y que Dios es luz, por tanto, la luz forma parte de la constitución humana.

Razón por la cual el hombre ama el estar siempre en la luz.

Nadie quisiera comprar una casa, que no tenga luz, ni luz de lamparas, o velas, tampoco vivir sin la luz solar, que es lo mínimo..No hay ninguna persona normal que elija esto…excepto en casos de extrema pobreza, pero si tuvieran la opción de elegir una casa cualquiera que sea la condición económica, de hecho preferiría que sea bien iluminada.

Primero porque la necesitamos y segundo porque todos quisiéramos una casa con luz, por ultimo así sea con luz de lampara o de una vela, o fogata, pero al fin y al cabo con luz, nadie quisiera vivir en una lúgubre obscuridad o bajo sombra permanente.

Somos de la luz y amamos la luz porque Dios es Luz, y procedemos de allí.

Ahora estar confinado a un lugar de tinieblas y obscuridad es contrario a la propia naturaleza humana, de por si es ya un sufrimiento, es muy distinto a los lugares que por efectos de su situación geográfica el clima esta establecido por meses de invierno y meses de verano; o las cárceles de alta seguridad para gente peligrosa, mientras vivimos sobre la tierra, todo esta bien, nos parece normal tener la luz del sol, cada mañana, y no extrañamos nada, seguimos con el curso de nuestra vida; pero la cosa cambia cuando somos sacados de este mundo y vamos al otro donde no hay retorno, a veces en el momento menos pensado y donde precisamente nadie quisiera estar. Y somos trasladados a otro lugar donde no existe otro tipo de luz, sino la de las llamas eternas. La edad no importa, nadie tiene comprada la vida en este mundo.

No esta a la venta, pero que bueno fuera ser un joven de 20 años y tener la experiencia de un hombre de 55 para vivir la vida con sabiduría. ("el principio de la sabiduría es el temor de Dios..."Salmo 111:10)

EL INFIERNO

Aquel Ser Supremo que creo al hombre es El Eterno Dios el Ser Supremo y El Juez Justo de toda la tierra y esa misma naturaleza fue impartida a la raza humana, con la diferencia que toda persona, tiene un principio pero no tiene fin y no es perfecto, siempre comete errores.

Es eterno después de su creación y sigue viviendo en otra dimensión, pero al fin y al cabo vive con su misma naturaleza, su mismo carácter su mismo ADN pero en un tiempo presente para siempre lo que significa que en ese lugar donde esta no existe el pasado ni tiene futuro, lo único que cuenta es un "hoy".

En otras palabras, es el lugar donde el tiempo no transcurre, no hay horario, no hay día ni noche, ni luz de luna ni de sol y no hay lagrimas para llorar, tampoco hay jefes, ni el orden, ni el concepto de lo bueno y lo malo, ni un momento de reposo, o paz o una sonrisa, o un saludo, ninguna de las cosas de la vida a la que el ser humano estuvo acostumbrado en la tierra.

Cuántas veces el hombre a estado a punto de ir a parar a ese lugar, pero la misericordia de Dios le ha concedido una oportunidad más, en seguir viviendo.

En consecuencia la persona que muere, no se desintegra ni se evapora y desaparece en la nada, no, su cuerpo vuelve a la tierra y se convierte en polvo porque de allí fue tomado; pero su espíritu o el ser del hombre ni se reencarna ni desaparece sino que esta en algún lugar con todas sus facultades mentales, emocionales y cognoscitivas conservando toda la naturaleza humana, su propio carácter su propia personalidad, tal y conforme llego hasta ese lugar desde el ultimo día que estuvo pisando la tierra de los vivos.

Conserva todas sus facultades mentales normales, se acuerda de sus familiares amigos y parientes, los lugares donde estuvo pisando la tierra, que fue lo que paso, como llego allí, y el primer día no sabe si es una pesadilla o un mal sueño, pero quiere volver de inmediato a su casa, o a la tierra y lo primero que quiere es salir de allí para reanudar sus actividades, se pregunta: ¿qué hago aquí?, ¿dónde estoy? ¿cómo llegue a este lugar? lo mas común es " quiero regresar a mi casa, quiero salir de aquí, necesito ayuda."

Necesito contactarme con ellos para que hagan algo por mi y me saquen de aquí, vengan a rescatarme, que avisen a la policía, a mis padres, hermanos y quiero salir," por favor que alguien me escuche" y así se puede pasar un tiempo indeterminado, pero al ver que no esta solo, bien pronto se dará cuenta que de ese lugar no podrá salir jamás, una por lo que vera allí y otra porque el griterío perpetuo y los millares de millares de voces en un eterno lamento le harán entender que es el peor lugar adonde nadie, ningún ser humano quisiera estar allí, es el tan temido "infierno" al que nunca presto atención, ni tampoco creyó que existe.

El ser humano se llena de desesperación y angustia por el panorama sombrío que le rodea, y por las miles de voces que escucha gritar permanentemente alrededor de el, pero nunca abandona el deseo de salir de allí.

LA VISIÓN I

Pero quien sabe es demasiado tarde, para pensar en eso, porque es sencillamente imposible.

Su cuerpo esta en la tumba pero su espíritu, su "yo" personal en aquel temido lugar llamado Infierno donde nadie quiere ir a parar; pero la elección no depende de Dios sino de cada persona en base a las decisiones tomadas en vida haciendo uso del libre albedrío.

Esas decisiones pequeñas, son las que determinan las grandes cosas: El destino eterno.

Un poco tarde se da cuenta el hombre que ambos lugares, son reales y existen a los que ningún ser humano puede adaptarse jamás porque son de naturaleza distinta a la constitución de cualquier persona.

Pretender negar su existencia es engañarse a si mismo, los relatos son tan patéticos que realmente no corresponden a ninguna fábula, ni leyenda que alguien invento sobre cosas ficticias no, sino a hechos reales que pertenecen a este mundo, ademas de, el testimonio de muchos que murieron y descendieron al centro de la tierra y vieron lo que allí había y luego volvieron a vivir, y contaron su dramática experiencia a los que están vivos todavía advirtiéndoles sobre lo que hay mas allá de la muerte y como alcanzar la salvación en Cristo, la única esperanza.

Uno esta arriba, otro, abajo donde no hay luz, la única luz es la de las llamas de hierro fundido y la temperatura allí, en el centro de la tierra según los últimos datos científicos superan los 5 mil grados de calor llega a casi 6 mil grados no es posible ningún tipo de vida natural, pero hay mucha gente después de muerta que esta confinada viviendo en aquel lugar.

Son todas las civilizaciones que estuvieron sobre la tierra, ajenos totalmente a la justicia divina, se encuentran en la antesala del gran día del Juicio. esperando el día que sean llamados ante el Gran Tribunal del Juez Supremo de toda la tierra.

Esa antesala inmensa donde están, es el infierno y se encuentra en el centro de la tierra.

Y nos habla de la justicia de Dios, que si no hubiese creado el infierno, fuera injusto; o pensar que hay otro lugar también donde estarán por algún tiempo pagando su deuda con la sociedad y luego saldrán, es sencillamente absurdo, no existe tal cosa, estar en el infierno es vivir en la eternidad en un "para siempre jamás" estar aquí en la tierra el tiempo pasa, pero allí nunca pasa el tiempo.

Miles de crímenes que se cometen, muchos de ellos horrendos y quedan impunes o a muchos nunca se les llega a descubrir, ¿todos esos sujetos quedaran sin sanción?

¿Nadie sacara la cara por las víctimas ni enjuiciara a los criminales?

Pensar así es no conocer a Dios, a Él no se le puede engañar, a las autoridades humanas, si es posible, pero pretender creer que con la muerte ya esta pagado todo, es otro grande y grave error.

Dios ha separado un día en que todos los que ha delinquido tendrán que comparecer ante su presencia para rendir cuentas por todos y cada uno de sus actos y sus palabras, pero mientras llega ese día, esperan en la antesala del juicio:"el infierno" esta debajo de los pies de todo aquel que camina sobre este planeta.

En vida pueden burlarse de la justicia humana de las leyes y del derecho y parecería que ya están a salvo, pero a Dios no le pueden engañar, EL lo ha visto todo y tendrán que presentarse ante el Tribunal Supremo para ser juzgados y recibir su sentencia, "Y el que no se hallo inscrito en el libro de la vida fue lanzado al lago de fuego"{Apocalipsis 20:15}.

Aquí aquellos que tienen antecedentes judiciales van a parar a la cárcel y casi siempre dicen "soy inocente" y puede ser verdad si no se demuestra lo contrario, pero mientras tanto purgan su condena; pero los que están en el infierno, allí no cabe esa posibilidad,

LA VISIÓN I

cada uno sabe porque esta allí, no hay ninguna posibilidad de error, ni tampoco decir "soy inocente", desde homicidas, transgresores de la ley, matricidas, parricidas y una lista interminable.

¿Cómo es que el hombre puede llegar al lugar equivocado?

Si. El lugar equivocado porque el infierno no fue creado para el hombre, sino para el diablo, sus ángeles y sus seguidores. "Y el diablo que los engañaba fue lanzado en el lago de fuego y azufre, donde estaban la bestia y el falso profeta y serán atormentados día y noche por los siglos de los siglos." Apocalipsis 20:10.

Pero en una escena al final de los tiempos muestra la Biblia a este personaje cuando es arrojado al infierno, en una visión del profeta (Isaías capitulo 14:9-20).

"El Sheol abajo se espanto de ti; despertó muertos que en tu venida saliesen a recibirte, hizo levantar de sus sillas a todos los príncipes de la tierra, a todos los reyes de las naciones. Todos ellos darán voces, y te dirán: Tu también te debilitaste como nosotros, y llegaste a ser como nosotros. Descendió al Sheol tu soberbia, y el sonido de tus arpas; gusanos serán tu cama, y gusanos te cubrirán.

¡Cómo caíste del cielo, oh Lucero, hijo de la mañana! Cortado fuiste por tierra, tú que debilitaste a las naciones.

"Tú que decías en tu corazón: Subiré al cielo; en lo alto, junto a las estrellas de Dios, levantaré mi trono, y en el monte del testimonio me sentare, a los lados del norte; sobre las alturas de las nubes subiré, y seré semejante al Altísimo.

Mas tu derribado eres hasta el Sheol, a los lados del abismo. Se inclinarán hacia ti los que te vean, te contemplarán, diciendo: ¿Es este aquel varón que hacia temblar la tierra, que trastornaba los reinos; que puso al mundo como un desierto, que destruyó sus ciudades, que a sus presos nunca abrió la cárcel?.

Todos los reyes de las naciones, todos ellos yacen con honra cada uno en su morada; pero tu echado eres de tu sepulcro como vástago abominable, como vestidos de muertos pasados a espada, que descendieron al fondo de la sepultura; como cuerpo muerto hollado. No serás contado con ellos en la sepultura; porque tu destruiste tu tierra, mataste a tu pueblo. No será nombrada para siempre la descendencia de los malignos."

Es muy fácil culpar a Dios, pero el uso del libre albedrío del hombre, y la responsabilidad que lleva sobre sus actos, son los que deciden y escogen el lugar de permanencia eterna de cada cual.

Todos saben perfectamente bien a dónde van, y hace tiempo, años de vida sobre la tierra que lo deciden, pero una cosa es estar vivo y otra muerto.

En otras palabras nadie va allí porque es inocente sino que es exactamente el lugar donde debe ir. "Pero los cobardes e incrédulos, los abominables y homicidas, los que mantienen relaciones carnales fuera del matrimonio, los hechiceros, los idólatras y todos los mentirosos tendrán su parte en el lago que arde con fuego y azufre, que es la muerte segunda." (Apocalipsis 21:8)

Segunda etapa de la vida (Lucas 16:19-31)

La Biblia toca este tema, y narra la historia de un hombre rico, de como despilfarraba su vida y vivía disolutamente sin importar nada más, la Biblia dice: "de banquete en banquete" y eso era todo, lo cual no es bueno ni para el rico ni para el pobre ni para la salud, ni para nadie, una vida sin sentido, bacanal, superflua, disfrutando de los placeres de este mundo, sin ningún objetivo, lógicamente ese estilo de vida no puede durar mucho, la cuestión es que este hombre murió no se sabe en que circunstancias, pero aparentemente no vivió mucho. Y cuando despertó estaba en aquel temido lugar llamado: infierno, (en aquel entonces conocido como el sheol.

Y estando allí recién se acordó de Dios y pudo ver en una visión a un hombre llamado Lázaro que fue un mendigo en la tierra, su contemporáneo que había muerto mucho antes que él, y era el que se sentaba junto con los perros a la puerta de la casa de este hombre rico, a ver si en una de estas fiestas donde abundaba el buen comer y el buen beber, le daban un plato de comida o un vaso de agua, pero eso no funcionaba allí y el último recurso era ver si de la mesa de los comensales caía algo para ellos. Pero, en la otra vida lo reconoció.

Y se asombro de verlo junto con Abraham allá arriba: "cómo este mendigo puede estar allá arriba con Abraham y yo una persona importante y con mucho dinero en la tierra, acá abajo, eso no puede ser".

Y empezó a gritar: "Padre Abraham, envía a Lázaro", lo que significa que la persona conserva todas sus facultades mentales en perfectas condiciones, luego la persona que esta en el infierno reconoce perfectamente a otras que conoció en vida, allí sabe también quien es quien, y sigue creyendo igual como en la tierra, estando en la eternidad ambos personajes en distintos lugares, pero el creía todavía que el mendigo era un sirviente y que el era el que daba las ordenes aun en el mas allá, debido a la opulencia con la que vivió en la tierra, el nombre de Lázaro significa "Dios ha socorrido" (del hebreo El-azar), no fue porque era un mendigo sino por causa de su fe en Dios que subió al paraíso.

Pero en esos lugares no se conservan los privilegios ni los títulos ni la fama ni el dinero, que a veces se llegan a tener en la tierra, desnudo vino al mundo y se va igual, con las manos vacías, tan solo con su alma.

"Y en el mas allá alzo sus ojos, estando en tormentos, y vio de lejos a Abraham, y a Lázaro en su seno. Entonces el, dando voces, dijo: Padre Abraham, ten misericordia de mi, y envía a Lázaro para que moje la punta de su dedo en agua, y refresque mi lengua; porque estoy atormentado en esta llama."

No se fue allí tan solo por ser un hombre rico, sino por que puso toda su confianza en el dinero en vez de ponerla en Dios.

El dinero de acuerdo al sistema vigente de vida es muy importante para todo, y para todos y esa es la causa de las grandes diferencias sociales y poseerlo significa ser una persona afortunada.

El problema es que sucede lo contrario muchas veces, el dinero lo llega a poseer a la persona, y por el dinero comete muchos errores, y crímenes y también llega hasta a desconocer a su propia familia.

Es cierto que es bueno disfrutarlo sin perder el control, pero es algo solo de este lado, algo efímero transitorio no para siempre, cuando llega este momento, aciago de partir y en esas condiciones, irónicamente el hombre vuelve a la realidad.

Su dinero no sirve de nada, en el otro mundo, el de la eternidad y peor aun cuando esta donde no debería estar.

El haberlo tenido a veces es causa de maldiciones sin fin, y lo que el hombre tuvo por excelso o sublime, se esfuma después de esta vida.

Ya nada importa de este lado, ni lo que fue o pudo haber sido o lo que hizo, descubrió o construyo, todas esas cosas son vanas si no tuvo una relación filial con Dios, por medio de Jesucristo.

De nada le vale haber ganado el mundo y perdido su alma.

La primera cosa que descubrimos en el infierno es que se posee una sed insaciable, muchas veces propia de la costumbre habitual de ingerir mucho licor, aunque ya no posee el cuerpo de carne, nunca va morir de sed, porque ya esta muerto, pero vive en ese antro donde el calor es alto y causa de la sed, ya no a un cuerpo de carne sino diferente, pero al fin y al cabo es un cuerpo en una dimensión que ocupa un espacio.

Y como tal es alguien vivo con personalidad propia. Y este hombre suplica que" envíe a Lázaro que moje la punta de su dedo en agua para que refresque esta mi lengua" o que moje tan solo la punta de su dedo en agua y será suficiente.

LA VISIÓN I

Conserva toda la sensación humana que produce la sed, y añade "porque soy atormentado en esta llama".

Isaías 13:8 dice: "y se llenaran de terror; angustias y dolores se apoderaran de ellos; tendrán dolores como mujer de parto; se asombrara cada cual al mirar el rostro de su compañero; sus rostros, rostros de llamas".

Estas no son buenas noticias para los que todavía están vivos sobre la tierra, pero es bueno saber a lo que se enfrenta el hombre después de esta vida. Así como saber también que Dios ya proveyó un Salvador.

La respuesta de Abraham fue simple:"no se puede, porque hay una gran cima entre los dos, de modo que los que están acá, no pueden ir allá y viceversa, porque nos separa una gran distancia".

Pero es significativo saber que allí los recuerdos no desaparecen, mas bien permanecen tan fuertes como si nada hubiese pasado, y se acuerdan vívidamente de todo y nuevamente clama y dice " envía a Lázaro a la casa de mi padre, para que les testifique, a fin de que ellos no vengan también a este mismo lugar de tormentos."

Todos los sentimientos humanos afloran, el amor filial, los padres, los hermanos, los hijos, jamás se pierden, están impresos en cada ser humano en el ADN no importa donde este.

Mantiene la identidad personal, ni el parentesco, ni los lazos familiares, esos sentimientos de sangre de proteger y cuidar siempre a los suyos, desde donde ya no se puede, o es demasiado tarde, porque en ese lugar esos lazos filiales que existieron en vida y sobre este mundo se rompen para siempre, aun cuando se conservan por naturaleza propia, todo cambia hasta el rostro, que alguna vez se vio en la tierra, allí ya no es el mismo rostro que conoció en vida.

En el infierno la gente no puede tener un rostro de felicidad, de paz, de gozo, de amor filial, de satisfacción, de amabilidad, no, porque no es el lugar donde existen esas cualidades que conoció en la tierra.

¿Qué es lo que pidió este hombre en esa situación?

"Envía a Lázaro"

Pero hacia tiempo que Lázaro había muerto, sin embargo estaba tan vivo como el, ambos en diferentes lugares con destinos distintos, pero al fin y al cabo vivos.

¿Qué pedía?

Que alguien que resucito de entre los muertos vaya y les predique la palabra de Dios, la salvación, con el propósito de que no se pierdan y se encuentren en la situación irreversible como se encuentra él.

Exactamente la predicación del evangelio basado en alguien que resucito de entre los muertos.

A quien envío Dios no fue a Lázaro sino a Jesucristo su propio Hijo, para que todo aquel, que en El cree, no se pierda, mas tenga vida eterna.

Si alguien la escucha, acepte la invitación y jamás se arrepentirá de haberlo hecho, mas bien dará gracias a Dios por haber nacido de nuevo.

Hacer una dramática petición como esta desde el infierno aunque no sirve de nada, revela lo que la persona siente adentro, en el corazón y lo terrible que es encontrarse en ese lugar sin esperanza, en un lugar indeseable, no quiere que su familia caiga donde él esta ahora, ¿qué más vemos allí?

La inteligencia esta intacta, lo único que necesita ese hombre es su cuerpo que esta en la tumba, y seguirá siendo el mismo de antes, pero después de esa experiencia, si tuviera la oportunidad de volver al mundo de los vivos haría todo lo que nunca hizo para no volver jamás a parar ese horrible lugar.

LA VISIÓN I

No todos tienen la suerte de regresar, pero algunos alcanzan la misericordia de Dios y vuelven.

Algunos de ellos estuvieron tan solo unos segundos y vieron gran parte de lo que este relato histórico narra, y cuando volvieron a la vida, se dedicaron tan sólo a este ministerio: Predicar el evangelio de Jesucristo, dejando lo que queda atrás y se extendieron hacia lo que esta adelante, teniendo en cuenta que sólo se vive una vez.

Abraham le dijo: si no oyen a Moisés y a los profetas, tampoco se persuadirán aunque alguno se levantare de los muertos" y se cerro el telón.

¿Cuál es la situación de los que murieron antes de Cristo?

¿Se puede decir que ese es el caso de esta historia, o que no es un hecho real sino una fábula?

En primer lugar se nota que las escenas son tan realistas de alguien que narra por experiencia propia algo que le esta pasando en la otra vida, de la cual se sabe muy poco pero existe tan igual como la vida aquí en la tierra. Este hecho es la experiencia propia de alguien que llego a ese lugar.

Pretender decir que es una fábula, o una leyenda o un cuento, que alguien la invento deja muchos espacios vacíos sin explicación, es categóricamente un hecho histórico, desde el comienzo del relato, pues empieza diciendo "Había un hombre rico..."

En segundo lugar, si esta historia se registra antes de Cristo lo cual es posible, muchos podrían pensar que ese hombre que esta allí y millones más, no tienen la culpa, porque no tuvieron la oportunidad de escuchar el evangelio de la salvación porque si la hubiesen tenido entonces lo hubieran aceptado de inmediato y hubiese cambiado su destino eterno.

Qué bueno seria saber que así proceden los hombres, pero afirmar esa respuesta es desconocer la conducta de la naturaleza humana.

Es un argumento a favor, pero Dios nunca a dejado al hombre sin ninguna posibilidad de salvación, siempre a provisto de una puerta y un camino de salida.

Antes de Cristo estaba en vigencia la ley, después de Cristo la ley fue reemplazada por la gracia.

De manera que el hombre siempre ha tenido un camino para llegar a Dios, como en el caso de Abraham, de Isaac de Jacob, de Jose, del rey David y muchos millones mas, que fueron antes de Cristo.

El hombre nunca estuvo abandonado por Dios, así que si respetaban la ley de los hombres y la de su conciencia estaban cumpliendo con ella, y estaban en paz con Dios y con los hombres siendo la propia ley su juez quien determinaría su condición de absuelto o en caso contrario: culpable.

Al respecto la Biblia dice:" Porque todos los que sin ley han pecado, sin ley también perecerán; y todos los que bajo la ley han pecado, por la ley serán juzgados; porque no son los oidores de la ley los justos ante Dios, sino los hacedores de la ley serán justificados.

Porque cuando los gentiles que no tienen ley, hacen por naturaleza lo que es de la ley, estos, aunque no tengan ley, son ley para si mismos, mostrando la obra de la ley escrita en sus corazones, dando testimonio su conciencia, y acusándoles o defendiéndoles sus razonamientos, en el día en que Dios juzgara por Jesucristo los secretos de los hombres, conforme a mi evangelio."(Romanos 2:12-16)

De modo que tampoco la tesis de que "vivió antes de Cristo, y nunca escucho el evangelio", es valida ni tampoco, les puede ayudar ya que cada persona "es ley para si mismo".

Que interesante resulta saber que no se tiene que llegar allí para recién creer cuando ya no hay esperanzas, cuando ya todo esta perdido, cuando ya salió de este mundo y no para que descanse en "paz" sino todo lo contrario.

Pero que gran oportunidad también de no ir al infierno al aceptar que Cristo nos sustituyo y ocupo el lugar que le corresponde a cada pecador, y que por gracia el hombre es salvo.

En el infierno el hombre esta confinado hasta el día largo del juicio final, conjuntamente con millones de gentes de todas las generaciones humanas, escuchando solo gritos, imprecaciones, quejidos y un constante clamor por querer salir de allí y no poder, muchos enseñan que este lugar no existe, pero la realidad es bien distinta.

Allá no hay armas, tampoco licor, ni te, ni agua, ni una taza de cafe, ni un celular, ni una estación de radio, ni música, nunca escuchara una canción ni tampoco podrá entonar una canción, ni TV a colores, ni ropa para cambiarse, ni zapatos, ni baile, ni un "buenos días" o "que tenga un buen día" o "que gusto me da verte, " "un feliz cumpleaños papa o mama o hermana querida" no hay un ramo de flores, un regalo, no hay los grandes supermercados, los lujosos restaurantes, ni lujosas residencias, ni lujosos carros, ni ningún placer, ninguna comodidad, ninguna palabra amable, ningún asociación de personas, ningún colegio, ningún país adelantado, ni siquiera la luz de una vela, ni una computadora ni tampoco existen las clases sociales, los multimillonarios, los pobres, los religiosos, los poderosos, absolutamente nada de lo que se disfrutaba en la tierra, solo gente tal y conforme murió, allí los asesinos andan sueltos tampoco pueden matar a nadie mas, porque están en el mundo de los muertos; pero si se encontraran con muchas de sus víctimas, y tendrán que enfrentarse con ellos y arreglar cuentas pendientes, tal vez muchos religiosos que enseñaron que no había infierno también se encontraran con los que les creyeron, y tiene todo el tiempo que quieran para acusarse unos a otros e ir a un ajuste de cuentas por tantas mentiras que le metieron en la cabeza, allí no sirven las ideas políticas, y cada cual hablara en su propio idioma, es la tierra del olvido hasta el día en que saldrán para presentarse ante el Gran Trono Blanco para un juicio personal.

Y allí nadie esta solo sino al medio de toda esa gente que tal vez algún día vio, o conoció y oyó hablar de ellos que serán testigos de cargo pero que ahora son perfectos desconocidos; en ese lugar no hay amigos ni buenas cualidades ni educación, es otro mundo así como su nombre lo dice, los lazos familiares se rompen para siempre, las relaciones filiales se acabaron, el anhelo esta en el corazón humano, pero ya de nada sirve, solo llegan hasta allí, es su punto final al concepto de familia y aquellos que tienen cargos pendientes con la sociedad por asesinato, robo o haber acusado con un falso testimonio a alguien por algo que nunca cometió y fue a parar a la cárcel para purgar una condena de por vida, y allí murió, y los verdaderos culpables también murieron sin llegar a ser descubiertos nunca, se tendrán que ver la cara con todas las víctimas aquellas, que por culpa suya fueron a parar a ese lugar de tormentos, entre tanto llega el día esperado para presentarse a juicio ante el Tribunal Supremo de Dios.

¿Cuál será el caso de personas que no fueron robadores, estafadores, criminales y que llevaron una vida lo mejor que pudieron pero hicieron a un lado la dádiva de Dios?

Irremediablemente, el hacer caso omiso de la palabra de Dios es rechazar la salvación, y tampoco reconocer que todos los seres humanos son pecadores e imperfectos y necesitan de la gracia y del perdón de Dios para ser salvos.

No tienen ninguna opción de ver a Dios, ni heredar cielos nuevos ni tierra nueva, sino un fatal destino en el infierno con todos los que comparecerán un día ante el gran trono blanco.

Para esta clase de gente su sufrimiento debe ser realmente mayor al verse perdidos rodeados de todo tipo de gente sin saber que hacer ni a donde ir, y mientras dure su estancia hasta el día de su juicio, vivir en una eterna lucha sin cuartel.

Las dos etapas de la vida natural

La primera sobre la tierra, y la segunda debajo de la tierra. En la primera vivimos en un mundo donde la vida es en colores y en la segunda es en blanco y negro, en la primera tenemos oportunidad de decidir donde queremos pasar la eternidad, si la queremos con Dios en un mundo similar al nuestro donde la gloria de Dios la ilumina, pero en otra dimensión: la de vida abundante, fortaleza, poder de Dios, gozo y cosas nuevas cada mañana, y el segundo en un continuo penar donde no existe la paz, ni las cosas buenas a la que estuvo acostumbrado en vida.

La gente no se pierde porque es rica, ni tampoco se salva porque fue pobre, eso no es lo que determina la salvación, sino que la salvación se alcanza creyendo en Jesús el Hijo Dios, como el único y suficiente Salvador personal tan solo por fe, no por obras, sin importar la condición económica, la educación, los títulos, la fama o la gran cantidad de dinero que se pueda poseer ni por ultimo que tan pecador haya sido, ese problema lo arreglo Cristo al morir crucificado para pagar el precio del pecado del hombre contra Dios.

Así que si le costo la vida al Hijo de Dios, hay que considerar cuan en serio y grave es la transgresión a la ley de Dios, por lo tanto solo en el esta esa salvación.

Y tan solo diciendo: Señor yo creo con todo mi corazón que Jesús es el Hijo de Dios y murió por mis pecados, por tanto hoy los confieso, me arrepiento y te pido perdón, y tu palabra dice, que haciendo esto; soy salvo, hoy lo creo y lo declaro ante ti, amen.

El perdón de Dios en vida significa un fallo a favor: absuelto, empieza una nueva vida dejando lo que queda atrás y extendiendo hacia lo que esta adelante.

El hecho de poseer riquezas no impide a nadie entrar al reino de los cielos, o tampoco no poseerlas, o ser un científico, o un presidente o un obrero, o un empleado o una persona como el mendigo de la historia de Lucas, no hay nadie ni nada que pueda impedir la salvación en esta vida porque después no hay otra oportunidad.

Y también hay que considerar lo serio que es llegar allá al lugar menos deseado y luego recién creer y querer salir y no poder y la desesperación que invade al no encontrar a nadie que le pueda ayudar sino solo esperar el juicio final.

El valle de sombras de muerte

Mientras se vive, en un sitio como la tierra, bajo una ley que dice que el día dura doce horas y la noche otras doce; entonces la realidad parece que siempre será así.

Pero después, cuando la persona muere y abre los ojos en otro lugar diferente a la tierra; la realidad es bien distinta, pero dolorosamente cierta.

Allí no mas vera la luz, excepto las llamaradas del mar de hierro fundido que la ilumina.

Tampoco esta solo, todas las generaciones anteriores están allí, llegaron mucho antes; se escuchan gritos, ayes, crujidos, y si se pudiera entender el idioma de cada cual, por lo menos habría comunicación entre ellos, conversarían, se cultivarían tal vez amistades pero allí cada cual llega con su propio idioma, no existe una academia donde aprender idiomas, tampoco un sistema de vida social donde las cosas se rigen por las normas de la ley, es un sistema de vida estacionaria para siempre y eso es todo.

La persona quisiera volver a morir pero ya esta muerto y seguirá viviendo por toda la eternidad en esa misma condición.

Esta en compás de espera a otro capitulo inédito para el hombre, no hay nada de las cosas a las que estuvo acostumbrado aquí en la tierra.

La naturaleza humana no fue hecha para vivir en esos lugares, sino fue hecha como corona de la creación para vivir al lado de Dios en otro mundo muy similar al humano, como su pueblo en un nivel muy superior al acostumbrado y nunca se podrá adaptar al infierno.

Debe ser desesperante para una persona que llega allí encontrarse con otra realidad contraria a la habituada a vivir. Realmente

LA VISIÓN I

cualquier persona que llega allí es duro decirlo, porque a nadie se le desea tal cosa, se siente aterrorizado, y lo primero que quiere hacer es salir huyendo, escapar o pedir ayuda, pero ninguna de esas cosas funcionan en ese lugar, esta en el mundo sin retorno.

O saber a donde esta, tampoco esta cansado o quisiera dormir pero no tiene sueño, esas funciones corporales se quedaron en la tumba sobre la tierra, no puede darse cuenta cabal de todo lo que ha pasado, o no sabe si esta soñando o es una pesadilla de la quiere despertar.

Así como el hombre rico que fue a parar allí se acordaba de sus cinco hermanos y quería ayudarlos, porque sabia que era convicto y confeso del porque llego hasta ese lugar, así también la persona que llega allí, se acuerda vívidamente de todo lo que paso en la tierra, familiares, amigos, el trabajo, tal vez su vida estuvo dedicada al deporte, sábado y domingo lo pasaba en el estadio y allí rendía tributos con cantos e himnos para su club favorito, como se ponía de pie cuando uno de sus jugadores dejaba el campo de juego y lo aplaudía, era su dios, hasta el día, en que sin saberlo fue el ultimo sobre la tierra, y un infarto lo sorprendió cuando celebraba el triunfo de su equipo, y de repente fue su primer día en la eternidad y no en el mejor lugar por cierto, sino al lugar donde no hay competencias deportivas, ni fútbol, ni baloncesto, ni golf, y entonces recién se acordó de Dios y de su alma y del lugar donde estaba.

Pensar que vivió solo para eso, otros solo para su negocio, otros en su vida disoluta, lo que hizo y en esos momentos de angustia se acuerda de un predicador y sospecha que todo lo que decía era verdad y es entonces cuando se le echa de menos quiere volver a escucharle, que le hable y que le ofrezca una salida y el lo aceptaría a ojos cerrados tal vez no necesitaría que haga la invitación, antes de eso seria el primero en ir corriendo a su llamamiento y gritaría a viva voz: ¡yo, yo quiero esa salvación, por favor, yo quiero ser salvo, me arrepiento de todos mis pecados! ¡con la voz entrecortada por el llanto y de rodillas clamaría a Dios por esa salvación tan grande en Cristo Jesús! con tal de salir de allí.

Pero esas oportunidades fueron sobre la tierra, en vida, pero allá abajo nunca mas volverá a escuchar a un predicador, no importa cuanto le eche de menos, o que quiera hablar con el, allí no hay ninguna de las cosas que hubieron en vida, es el lugar de sombra de muerte, no, en ese lugar no mas escuchara la voz de un predicador rogándole para que crea, se arrepienta y sea salvo, muchas veces tal vez lo vio por TV y se reía diciendo "estas creyendo en esas cosas" o a veces: "yo sigo la religión de mis padres" pero presentía que esas palabras fueron para el, y dijo tal vez para mañana, pero no sabía que para el, el mañana nunca llegaría.

Como otro caso de un hombre de aspecto corpulento que tenia su casa cerca a una iglesia, y un día dos jóvenes al terminar el servicio de la mañana al pasar cerca de el, lo vieron parado en su puerta, como esperando que pasen por allí y así fue, le hablaron de la salvación en Cristo si la aceptaba en ese momento haría la diferencia en la eternidad, el hombre estaba predispuesto, pero su mujer que también escuchaba se opuso, y el hombre no acepto por causa de la voz de su mujer, pero lo que el no sabia ni la esposa tampoco era que no habría otra oportunidad, esa noche fue la ultima sobre la tierra y el primer día en la eternidad, le dio un infarto y murió y partió en su misma condición.

En esos lugares no hay amigos, ni parientes ni vecinos ni familiares, el hombre mientras vive es un ser gregario, es decir es alguien que dócilmente acepta el pensamiento o las ordenes de otro, forma grupos o equipos o asociaciones con individuos que practican un deporte o tienen aficiones afines o una misma fe y se juntan y así se forma la sociedad; pero en el infierno esa cualidad se acabo, ninguna de estas cosas las puede practicar allí, y la docilidad y el aceptar ordenes están fuera del contexto dentro del cual están, y tienen que enfrentar este duro desafío a lo que fue su naturaleza carnal que ya no la tienen, allí no hay casas, ni desayuno ni almuerzo ni cena, al alcohólico la sed consuetudinaria lo consume, no hay domingo, ni lunes ni Diciembre ni año nuevo, ni carros, ni cumpleaños, ni esposa, ni hijos, ni libros, ni pan; absolutamente nada a lo que el ser humano estuvo acostumbrado en vida, no hay ricos ni pobres, ni mendigos están juntos y revueltos compartiendo

LA VISIÓN I

el mismo destino desde forajidos, asesinos, criminales, parricidas, matricidas, alcohólicos, ladrones, científicos, doctores, políticos, grupos armados que asesinaron mucha gente, personas importantes de la cultura, obreros y empleados y una lista sin fin de todos aquellos que nunca quisieron aceptar el plan de salvación de Dios en Cristo Jesús.

Si es un homicida, sus víctimas quien sabe lo estarán esperando. Y cuantos nombres se vocearan en ese lugar. Si es un parricida, o una matricida, gente que sabe de ellos o ellas, quien sabe las encontrara allí. Hogares abandonados por el padre o la madre por causa de infidelidad, hijos desamparados, que por ese motivo delinquieron y murieron, quien sabe se encontraran allí también.. no sabemos pero asumimos, para dar una idea de lo que es hablar del infierno.

Lo que nunca encontraran en ese terrible lugar es el mismo estilo de vida humana que se llevo aquí en la tierra. Cuando el hombre fina, todo lo humano se queda aquí arriba, y se convierte en polvo, vuelve a la tierra de donde fue tomado. Allá abajo es otro tipo de vida diferente; ni un amanecer, ni un atardecer, ni luz de sol, ni luz de luna..solo gritos, voces lastimeras y un vocerío de gente insoportable, pero es parte de la negra existencia de toda esa "civilización", un vivir sumergido en la peor eternidad.

Que gran impacto causa al hombre que va a para a ese lugar, encontrarse con gente que esta allí desde la primera generación hasta el día en que un hombre de estas décadas llega allí, sufre un cambio irreversible para siempre.

El tormento de los recuerdos es permanente, el deseo de comunicarse con los familiares y los seres queridos, nunca desaparece, pero nunca mas los vera.

Tampoco existe un idioma común a todos, con los cuales se puede entablar una amistad, porque ese termino es de este lado de la vida pero no del otro y la paz y la amistad son términos desconocidos que no encajan en ese lugar.

Lo que más se debe extrañar

El haber disfrutado de cada día sobre este mundo, y de golpe encontrarse en otro mundo lleno de penumbras como nunca jamás pensó. Escucho mucho acerca de él, pero nunca lo quiso aceptar como tal.

El descubrir que había otra vida después de la muerte, un cielo y un infierno, descubrimiento demasiado tarde, donde no vale de nada la apariencia, donde no hay días feriados, ni se celebra ninguna fiesta del año o tomarse una fotografía con sus amigos, tampoco oirá mas un "hasta mañana" porque allí no hay mañana, si existiera el tiempo podría escribir tal vez un poema o una composición que hable de ese drama pero allí no hay tiempo, esta en la eternidad, tampoco el saludo de los nietos, los hijos, los vecinos, un abrazo cariñoso, ni luz, ni agua, ni un:"siéntate y descansa", el ser humano esta completamente solo..y nunca mas se sabrá de eso. Es el adiós para siempre.

En ese lugar no hay nada sagrado, algo que tenga que ver con Dios, se puede encontrar allí, es por demás invocar su nombre, en ese momento mucha gente se acuerda de Dios y grita desesperado una y otra vez por todo el tiempo que quiera gritar: " mi hermano, un pastor, mi vecino, me decía siempre que acepte la salvación en Cristo y nunca quise escuchar" y recuerda algo en su defensa a ver si le vale de algo: yo quería ir, pero mis amigos o mis parientes, o mi madre siempre me decían que no"…quiero que alguien me vuelva a hablar, aunque sea una vez mas, solo una vez mas, por favor, vuelve a repetir; pero ya todo es en vano, allí es otra dimensión adonde ningún predicador puede visitar, es el sitio vedado al cual no se puede pasar ni entrar porque entre los que están vivos y los que están muertos hay un gran abismo insalvable.

En vida los cielos están abiertos para cualquier persona que quiera acercarse a Dios, es el tiempo en el que el hombre por su propia iniciativa, voluntad y fe, quiere restablecer esta relación y así reconciliarse con Dios; se le llama la época de gracia no importa en que década la humanidad se encuentre.

Y si la establece, todas las deudas con Dios el Padre por causa del pecado, son canceladas. Cristo las pago con su propia vida derramando su sangre en la cruz del Calvario. Después es demasiado tarde. en la otra vida, ya no hay esperanza, la salvación es por fe, (antes) no por vista (después) además de todo eso, existe una separación infinita entre este lugar de tormentos y el lugar donde Dios esta, así como la gracia y la misericordia de Dios es grande y da no solo una sino muchas oportunidades y todas las veces que se pueda al hombre, así también sus juicios son grandes, ciertos y verdaderos; y es mejor detenerse, en el camino y escuchar el llamado de Dios que seguir con los ojos vendados por los propios caminos que son el camino equivocado para llegar a ver a Dios.

La antesala del juicio

Es el lugar de espera de los reos.

Allí están esperando el día que serán llamados ante el Juez para presentarse a rendir cuentas por todo lo que hicieron en la tierra, de manera consciente y con pleno conocimiento de causa.

No serán condenados sin saber porque, tampoco sin un juicio previo, sino observando los principios elementales, de lo que establece la ley y el derecho.

Y cada cual dará razón por si mismo ante Dios, por todos y cada una de las cosas que hizo en vida desde las palabras hasta los hechos ante los ojos de Dios y ese día de la comparecencia ante el Gran Trono Blanco será el ultimo tal vez, para cerrar ese capitulo en la eternidad.

Cada día se debe dar gracias a Dios por tener la oportunidad de estar vivo todavía y ver un nuevo amanecer cada mañana, después de leer este libro cualquier persona ya sabe a lo que puede enfrentarse en el mas allá, y también lo que debe hacer para obtener su propia bendición y no caer en ese lugar de tormentos.

La Biblia

Este libro, como ningún otro contiene datos tan impactantes para la vida, que mas vale prestarle atención cuidadosamente a todo lo que dice, para el propio bien, no obliga, solo expone las verdades ocultas de lo que hay en el mas allá a fin de que el hombre lo sepa y escoja la vida por siempre.

La máquina del tiempo

Si pudiéramos viajar en una nave como estas, si existiesen, y regresar al año 30 de nuestra era ¿a dónde iríamos? indudablemente hasta Israel, y veríamos en la parte alta de una colina a un hombre con vestiduras blancas predicando y abajo, una gran multitud escuchándole, gente que había venido de las ciudades vecinas, de Decapolis, de Galilea, de Jerusalem, de Judea, y del otro lado del río (Mateo. 4:25). Su aspecto era imponente, y su presencia traía convicción de pecado.nos acercamos, pero no pudimos llegar hasta Él, la multitud lo rodeaba, y sus discípulos tendían un cerco de protección alrededor de Él. Pero alcanzamos a escuchar lo que decía, realmente su voz parecería que venia de la eternidad pasada, mantenía a la gente quieta, nadie se movía, cada una de sus palabras eran como agua para un sediento, y salud para el cuerpo, ¡mírenle, allí está! ¡Él es Jesús nazareno, el Hijo de Dios!

"Bendecidos los pacificadores, porque ellos serán llamados hijos de Dios."

"Bendecidos los que padecen persecución por causa de la justicia, porque de ellos es el reino de los cielos."

"Bendecidos sois cuando por mi causa os vituperen y os persigan, y digan toda clase de mal contra vosotros, mintiendo."

"Gózense y alégrense, porque vuestro galardón es grande en los cielos; porque así persiguieron a los profetas que fueron antes de vosotros" (Mateo 5:9-12).

Alcanzamos a oír estas palabras y las quisiéramos seguir escuchando siempre, pero de pronto nos encontramos de nuevo sumergidos en la época actual.

Jesús el Hijo de Dios, al final de su ministerio, antes de ser crucificado, y después que resucitó, dijo que volvería de nuevo. Y esta promesa esta en vigencia, hoy más que nunca.

¿Cuándo será ese día?

LA VISIÓN I

No sabemos, pero por estas 4 señales: La Iglesia, La crisis financiera global, el cambio climático e Israel, el pueblo de Dios, podemos aseverar que esta cerca, muy cerca.

En la eternidad esta sellado el destino de cada ser humano, y es en vida, cuando se determina por decisión propia a donde quiere pasarla; el camino ha sido allanado por el sacrificio de Cristo en la cruz, y esta abierto, para todo aquel que quiera entrar, hoy, mañana puede ser demasiado tarde.

En consecuencia, ¿estamos preparados para ver la década del 2020? Debemos estarlo.

Aún con grandes desafíos a corto plazo. La Iglesia y su existencia, la política, la crisis económica, Israel y el temible cambio climático ademas de "los riesgos existenciales" de la que hablan los científicos.

Y nos embarcamos de Nuevo en la maquina del tiempo y regresamos al mismo sitio donde lo dejamos y allí esta todavía el Nazareno, ya esta atardeciendo, pero hay mas gente y esa multitud no se mueve, sigue con atención cada una de sus palabras y estamos escuchando lo que dice:

"Mas tú, cuando ores, entra a tu aposento, y cerrada la puerta, ora a tu Padre que esta en secreto; y tu Padre que ve en lo secreto te recompensara en público.

Y orando, no uséis vanas repeticiones, como los gentiles, que piensan que por su palabrería serán oídos.

No os hagáis, pues, semejantes a ellos; porque vuestro Padre sabe de que cosas tenéis necesidad, antes que vosotros le pidáis. Vosotros pues orareis así:

"Padre nuestro que estas en los cielos, santificado sea tu nombre. Venga tu reino. Hágase tu voluntad, como en el cielo, así también en la tierra. El pan nuestro de cada día, dánoslo hoy. Y perdona nuestras deudas, Como también nosotros perdonamos a nuestros deudores. Y no nos metas en tentación, mas líbranos del mal; porque tuyo es el reino, y el poder, y la gloria, por todos los siglos. Amén."

Porque si perdonáis a los hombres sus ofensas, os perdonará también a vosotros vuestro Padre Celestial; mas si no perdonáis a los hombres sus ofensas, tampoco vuestro Padre os perdonará vuestras ofensas" (Mateo 6:9-15).

Cuando alguien lo escucha, quiere seguir escuchándole sin importar si es de noche o de día, siendo tan grande la multitud se le escucha claramente, pero es sólo por instantes que esta maquina del tiempo regresa al pasado y nuevamente volvimos a la década del 2010.

¿Existen los sucesos sobrenaturales del poder de Dios?

Si existen, es algo normal para esta dimensión de vida.

Uno de ellos esta registrado en las paginas de la Biblia en segunda de Reyes capitulo 2 verso 11y dice así: "Y aconteció que yendo ellos y hablando, he aquí un carro de fuego con caballos de fuego aparto a los dos; y Elías subió al cielo en un torbellino."

El profeta Elías, fue uno de los dos únicos mortales que no experimento la muerte, su cuerpo fue transformado en un instante y lo sobrenatural y lo natural se unieron, su asistente Eliseo y otros más fueron testigos oculares de este suceso, cuando fue arrebatado al cielo y nunca mas lo volvieron a ver.

Y otro caso es precisamente con el profeta Eliseo que fue su asistente y que lo reemplazó: Capitulo 6 de segunda de Reyes desde el verso 8 hasta el 23. Fue el tiempo cuando El rey de Siria tenia guerra contra Israel, y planificaban las emboscadas contra el ejercito de Israel, pero preguntaban al profeta y el les decía: "Mira, no pases por allí, porque los sirios están en aquel lugar".

LA VISIÓN I

Y así fue una y otra vez, hasta que el rey sirio creyó que había un espía entre ellos, pero su propia gente le dijo que eso no era así, sino que el profeta Eliseo, declaraba todas las palabras que el rey hablaba aun en sus cámaras más secretas.

¿Y a dónde esta ese hombre? preguntó. En tal sitio, y de noche mandó todo su ejercito sólo para capturar a un hombre considerado "peligroso" para los sirios, al amanecer la ciudad estaba rodeada, ejercito, infantería, comandos, fuerzas especiales etc. y al amanecer el varón que servia a Dios salió y vio que el ejercito sirio tenia sitiada la ciudad y entro en pánico y se lo comunico al profeta y dijo: "¡Ah, señor mío! ¿qué haremos?

Él le dijo: No tengas miedo, porque son mas los que están con nosotros que los que están con ellos."

El verso 7 dice"Y oró Eliseo, y dijo: Te ruego, oh Jehová que abras sus ojos para que vea. Entonces Jehová abrió los ojos del criado, y miró; y he aquí que el monte estaba lleno de gente de a caballo, y de carros de fuego alrededor de Eliseo"

Y luego Eliseo los llevó hasta donde estaba el ejercito de Israel y fueron rodeados y el rey de Israel preguntó si los debía matar, a lo que el profeta le dijo: dales pan y agua y que regresen a sus casas, y el rey de Israel les preparó una gran cena y los despidió.

Que manera mas extraordinaria de terminar una guerra.

Pero de la misma forma sobrenatural regresará Cristo a la tierra, y la gente tendrá que levantar sus ojos para mirar la escena más bella de la historia de estos tiempos. Extraordinaria, allá arriba, en los cielos, y no regresará solo, sino con un gran pueblo y sus ejércitos angelicales alrededor de Él.

"Entonces aparecerá la señal del Hijo del Hombre en el cielo; y entonces lamentarán todas las tribus de la tierra, y verán al Hijo del Hombre viniendo sobre las nubes del cielo, con poder y gran gloria" (Mateo 24:30).

"He aquí viene con las nubes, y todo ojo le vera…" (Apocalipsis 1:700).

Probablemente esta década del 2010 o al inicio de la siguiente, probablemente, mucha gente tenga el privilegio de vivir para ver la segunda venida de Cristo y el fin del gobierno humano sobre este planeta y entrar a un nuevo orden, pero nunca mas volverá a imperar el mismo sistema sobre la tierra: el dominio del hombre.

Es mi deseo, al terminar de escribir este libro que todos aquellos que lo lean sean salvos. El único camino es Cristo, al seguirle descubrirán que hay una vida plena esperando por cada persona en este mundo.

Y cuando hacemos esto, entonces nos damos cuenta que si es posible establecer una relación filial con Dios de manera personal y nuestra visión acerca de muchas cosas que hemos creído durante toda nuestra vida como pilares sobre los cuales hemos edificado; cambian porque hay algo nuevo, mejor, imperecedero, eterno en que creer, en este lado de la vida, que llena el corazón, que satisface los anhelos del alma, que suple todas nuestras necesidades: es el amor de Dios.

Manifestado a través de su Hijo Jesucristo por todos y cada uno de los seres humanos, falibles, susceptibles de error pero con un espíritu inmortal que siempre a estado esperando que regresen al Padre celestial.

Y cuando llega ese día, entonces estamos haciendo la voluntad del Padre, la Biblia lo expresa de esta manera en Lucas 15:32:" Mas era necesario hacer fiesta y regocijarnos, porque este tu hermano era muerto, y ha revivido; se había perdido, y es hallado".

La experiencia de un encuentro con Jesús, el Hijo de Dios; transforma la vida, todas las creencias tradicionales a nuevas sobre mejores fundamentos.

El seguir a Jesús significa un nuevo comienzo y haber ganado la vida, la estadía en la tierra fue solo una época de aprendizaje para entrar al siguiente nivel del plan de Dios.

LA VISIÓN I

Y recién cuando se llegue a esa meta de la carrera y se vea todo lo que significa la salvación y lo que es, se comprenderá cuanta fue la misericordia de Dios, y como tuvo compasión de la raza caída, al enviar a su propio Hijo Jesucristo para que todo aquel que en el, cree, no se pierda mas tenga vida eterna.

¿Sabía que el hombre tiene un futuro brillante para el cual fue hecho?

No fue hecho sólo para vivir en la tierra, sino para algo mayor que eso.

Todo depende de la decisión que cada cual elija, continuar esa segunda etapa de la vida o no querer hacerlo, es de mucha trascendencia.

Los planes de Dios para el hombre no van a cambiar jamás.

¿Desde el punto de vista humano, temporal, o pasajero se puede creer, que "porque vivimos en un mundo adelantado" entonces Dios se sujetara al conocimiento humano y cambiará sus leyes y sus promesas?

Pensar de esa manera es errado, estar en el camino equivocado, ignorar las escrituras y el poder de Dios.

Dios hizo al hombre para algo mas que vivir 70, 80 o 90 años sobre la tierra en la cual tiene que comer el pan con el sudor de su frente, en un mundo lleno de violencia donde se lucha por la vida.

Ese no es el destino del hombre, es sólo un parpadear en la existencia humana, hay una segunda etapa, a la que todo ser humano tiene acceso y debe llegar, hoy sólo se anda por los bordes de los caminos de Dios, pero es muy diferente caminar con Dios y en su camino, es otra cosa y estar vivo para verlo y contarlo, seguir riendo, no más llorando, conversar, saludar y disfrutar de la dicha de esta gran bendición.

Todo depende de cada persona de la decisión que tome hoy, o se queda o se va. Pero si lo hace, será algo de lo cual jamás se arrepentirá, estará feliz por haber pasado el test mas divicil de su carrera en la tierra.

Y lo único que se hará en la eternidad a plenitud de vida será dar gracias a Dios, palabras de eterna gratitud:" Gracias Señor Jesús por lo que hiciste por mi en la cruz del Calvario" Gracias mi Señor, si no fuera por ti, donde estaría hoy, pero gracias Señor".

La Biblia dice en Apocalipsis 21:4 " Enjugará Dios toda lágrima de los ojos de ellos; y ya no habrá muerte, ni habrá mas llanto, ni clamor ni dolor; porque las primeras cosas pasaron". Es sólo una primera etapa la vida en la tierra. Aún falta la segunda y quién sabe, la tercera y aún hay más.

¡Dios los bendiga!

Made in the USA
Middletown, DE
22 September 2015